C000192778

La autobiografía de Santa Margarita María Alacoque

La autobiografía de Santa Margarita María Alacoque

"...poseerás los tesoros de Mi Corazón...y te permitiré distribuirlos como te parezca, a favor de las almas que estén listas para recibirlas."

- Palabras de Nuestro Señor
A Santa Margarita María

Traducción del Inglés al Español por

LUIS GAMAS

Número de Control de la Biblioteca del Congreso de EE. UU.:   2014915964
ISBN: Tapa Dura   978-1-4633-9183-6
                     Tapa Blanda   978-1-4633-9182-9
                     Libro Electrónico   978-1-4633-9181-2

Para realizar pedidos de este libro, contacte con:
Palibrio LLC
1663 Liberty Drive
Suite 200
Bloomington, IN 47403
Gratis desde EE. UU. al 877.407.5847
Gratis desde México al 01.800.288.2243
Gratis desde España al 900.866.949
Desde otro país al +1.812.671.9757
Fax: 01.812.355.1576
ventas@palibrio.com
674519

Índice

ORACIONES

Hermana de la Orden de la Visitación de Santa María
1647-1690

La Autobiografía de Santa Margarita María Alacoque

de la traducción del Francés al Inglés por

Las Hermanas de la Visitación
Partridge Green, Horsham, West Sussex, Inglaterra
(anteriormente de Roselands, Walmer, Kent)

Traducción al Español del Texto en Inglés por

Luis Gamas

"No debes guardar estas gracias para ti misma, ni escatimar su distribución a otros, porque He querido usar tu corazón como un canal para conducirlos a que sean almas de acuerdo a Mis designios; por estos medios muchos serán salvados del abismo de la perdición."

- Palabras de Nuestro Señor Jesucristo
a Santa Margarita María

*"Te constituyo la heredera de Mi Corazón
y de todos sus tesoros, en el tiempo y en la eternidad,
consintiendo que dispongas de ellos de acuerdo a tu
deseo; y te prometo que no te fallará mi asistencia en tanto
que Mi Corazón no falle en su poder; Tu serás para siempre
Su discípulo amado."*

- Palabras de Nuestro Señor Jesucristo
a Santa Margarita María

c'est du profond abîme de mon néant que ie me prosterne devant vs o très sacré divin et adorable cœr de Jesus pr vous randre tout les hommages d'amour de loüange & d'adoration dont ie suis capable

Desde el fondo de mi nulidad me postro ante ti, oh Sacratísimo, Divino y Adorable Corazón de Jesús, para pagarte todo el homenaje de amor, alabanza y adoración de los que soy capaz.

V ✝ J!

PREFACIO

A LA EDICION EN ESPAÑOL 2013

Dios, en su infinita misericordia y amor por el hombre, ha interactuado directamente con muchísimos individuos a lo largo de la historia, entre los cuales, por el efecto que tuvo esta interacción sobre toda la humanidad, sobresalen Adan y Eva,[1] con quienes convivió directa y cotidianamente hasta la caída, cuando entra en la historia de su más preciada y amada creación, el pecado, con su su nefasta consecuencia, la muerte. A Abraham, el padre de su pueblo elegido, "la porción de Yahve,"[2] se le manifiesta ocho veces de varias maneras, incluyendo en la de la alianza, y la magnífica aparición de los tres viajeros, La Santísima Trinidad.[3] Al pueblo entero de Israel a pocos días de haber pasado por en medio del mar Rojo se le manifiesta entre trompetas y truenos en la cumbre del Sinaí.[4] Ahí mismo a Moisés se le manifiesta en la

---

[1] Ge 1, 26-29; 2, 7-8; 2, 15-25; 3, 1-24
[2] Dt 32, 8-9
[3] Ge 12, 1-3; 13, 14-17; 15, 1-21; 17, 1-21; 18, 1-5, 9-33; 20, 17-18; 21, 12-13; 22, 1-2, 12, 16-18.
[4] Ex 19, 9-25

15

sarza,[5] le entrega los diez mandamientos[6] y le manifiesta su Gloria.[7] Siguiendo los acontecimientos dentro de las Sagradas Escrituras, podríamos seguir su relación con los profetas hasta llegar al último de ellos, San Juan Bautista, concebido en forma providencial en la ancianidad de su madre, Santa Isabel.[8]

En la plenitud de los tiempos,[9] envío Dios a su Hijo Único a habitar entre nosotros, al ser concebido de mujer por obra del Espíritu Santo, en el seno inmaculado de la Santísima Virgen María.[10] Uno se pregunta ¿Hay algo parecido en la historia de la humanidad, algo que sea tan coherente a lo largo de tantos siglos y tan lleno de acontecimientos sobrenaturales? Todo el tema es la salvación del hombre por el amor gratuito de Dios hacia nosotros. Este objetivo de Dios Nuestro Señor tiene como culmen la Pasión de Nuestro Señor Jesucristo. La entrega de su Hijo único por amor a nosotros para el perdón de los pecados.

A partir de la Resurrección del Señor, a partir de los apóstoles, Nuestro Señor Jesucristo ha continuado con la tarea de salvación llamándonos constantemente a través de la celebración de la palabra y del milagro Eucarístico. Es precisamente en estas celebraciones y en la adoración al Santísimo Sacramento que Santa Margarita María Alacoque recibe las más grandes gracias del Señor. La historia que vamos a leer a continuación esta llena de sufrimiento y de amor exquisito, siempre enmarcado en la adoración al Cuerpo y la Sangre de Nuestro Señor Jesucristo.

---

[5]   Ex 3, 1-6
[6]   Ex 20, 1-17; 24, 12-18; 34, 1-28
[7]   Ex 33, 12-23
[8]   Lc 1, 36-58
[9]   Ga 4, 4
[10]   Lc 1, 26-35

Dado que ha habido, en todas las épocas y a lo largo de toda la Cristiandad, muchos casos en los que la débil naturaleza humana ha sido confundida y engañada, la Iglesia de Cristo, con toda razón, requiere que haya una rigurosa verificación de hechos que concluya que hay suficiente razón para aceptar como ciertos acontecimientos que se presentan como del orden sobrenatural. En el caso de Santa Margarita María el mayor obstáculo fue su propia reticencia. Una conducta marcada por su gran Amor a Nuestro Señor Jesucristo y a la admisión de su propia nulidad ante su Divinidad.

La experiencia de Santa Margarita María, nos muestra a Nuestro Señor de una manera que apenas se alcanza a vislumbrar en el Evangelio, más plena, como un "Santo maestro que enseña santidad, puro, que no admite la menor de las afrentas."[11] A Santa Margarita María se le mostró como "el más hermoso, el más pleno, el más perfecto y el más cumplido de los amantes,"[12] "erudito conductor de las almas que sabe conducir a las almas con seguridad cuando estas se abandonan a Él."[13] En su relato no solo deseado sino demandado por Nuestro Señor, Santa Margarita María nos lo muestra en una relación de amor ardiente por Santa Margarita María y por el hombre, que nos invita a una relación mucho más íntima con Él a través de las enseñanzas de su Sagrado Corazón.

En sus cartas Santa Margarita María hace un comentario muy revelador cuando dice: "Me parece que el gran deseo que tiene Nuestro Señor de que su corazón sea honrado es para renovar en las almas los efectos de su Redención."[14] Como

---

[11] Autobiografía de Santa Margarita María Alacoque, pag. 26
[12] Autobiografía de Santa Margarita María Alacoque, pag. 51
[13] Autobiografía de Santa Margarita María Alacoque, pag. 72
[14] Segunda carta a la Hermana Marie-Madeleine des Escures (48) junio 21, 1686.

si se tratara de la siempre vieja y siempre nueva "lucha" de Nuestro Señor por salvarnos...de nosotros mismos...y salvarnos por Amor.

Parecería que Santa Margarita María nos quisiera decir que la acción redentora de la Cruz en la mente y en el alma de la humanidad cristiana, y de la misión de esta de llevar el Evangelio a otros pueblos -como un nuevo Israel en lo que toca a haber sido escogido para llevar el mensaje de salvación a todos los pueblos- hubiera estado menguando en esta, por lo que una nueva intervención divina era necesaria.

El siglo XVII en Europa fue marcado por una Crisis General que se derivó de los traumáticos eventos del siglo anterior y que desató la desastrosa Guerra de los 30 años y varias crisis regionales por todo el continente. Las apariciones de Nuestro Señor a Santa Margarita María se dan en medio de un marco de condiciones generales difíciles; se habla de esa crisis generalizada como una marcada por una diferencia extrema entre la elite y la población general, y de un ambiente intelectual en que las elites pensantes se alejaron de Dios justificando a la razón como la única forma de entender el mundo, alejándose de la fe, y haciendo del hombre para el hombre su propio dios.

Las consecuencias de los movimientos humanos del los siglos XVI y XVII han derivado en la secularización del ser humano, que en nuestro tiempo ha resultado en un exacerbado relativismo, que enajena al ser humano arrinconándolo en una continua justificación de sus pasiones y que se manifiesta en la creación de leyes que ofenden grandemente a Dios; esto frente al infinito amor que Nuestro Señor nos manifiesta sin cesar y al que respondemos con una indiferencia brutal.

En verdad que Nuestro Señor se manifiesta a Santa Margarita María en un época en que realmente la humanidad lo necesitaba. La lectura de la relación entre Nuestro Señor y santa Margarita María como nos la relata en su Autobiografía, nos invita a contemplar la insondable diferencia entre Nuestro

Señor y sus criaturas, entre los planos humano, horizontal, y el Divino, vertical, y lo que significa la magnitud de esta diferencia al formar nuestro criterio para llevar a cabo nuestra relación con Él. Una relación entre un amor infinito, ardiente, Divino, vertical, por nosotros, y un amor humano, horizontal, que es condicionado, es decir, formado, en forma natural por nuestra relación con otros seres humanos y que requiere de un acto de Fe para darle acceso a ese Amor Divino.

Considerando las circunstancias actuales, nuestra respuesta a ese amor divino es una llena de egoísmo y amor propio que dista mucho de poder responder con propiedad al que Nuestro Señor nos mostró en la Cruz. Las condiciones generales actuales de la sociedad, del mundo, no son conducentes para entablar una relación que responda apropiadamente, aún en nuestra pequeñez, a ese Amor Divino.

En el prefacio en inglés el Padre W. Peers Smith nos invita a leer la Autobiografía en un reclinatorio, en la presencia de Nuestro Señor, ante una de sus imágenes del Sagrado Corazón, o ante el Santísimo Sacramento. La lectura de la Autobiografía es en verdad una experiencia espiritual que como prometió él Señor, cambiará la vida de aquellos preparados a recibirla.

Dedicado de todo corazón al Sagrado Corazón de Nuestro Señor Jesucristo y a su amada Santa Margarita María Alacoque.

Luis Gamas
Agosto 6, 2013

Fiesta de La Transfiguración del Señor.

V ✝ J!

PREFACIO

A LA EDICION EN INGLÉS DE 1930

No ha habido, o puede darse, un testimonio más elocuente acerca de la santa cuya *Autobiografía* completa es aquí publicada por vez primera en inglés, que esa de las palabras de Su Santidad el Papa Benedicto XV en marzo de 1918, en el decreto proclamando que la Santa Sede podía proceder con seguridad a su canonización. Después de indicar como "la piadosa hija de San Francisco de Sales recibió del mismo Jesús la misión de hacer conocer las riquezas de Su Divino Corazón para que el hombre pudiera venir a Él como fuente de gracia y modelo de virtud," el Santo Padre agrega estas sorprendentes palabras, "el historiador puede decir hoy que la historia de la santa está completa; el teólogo y el canonista han llevado a cabo sus investigaciones y exámenes en forma completa; de las manos de aún los más críticos se han caído las armas...no hay lugar para retrasar el reconocimiento del *carácter universal de su apostolado*." Entonces refiriéndose a su decreto anterior, el de enero 6 de 1918, aprobando los milagros, el Papa Benedicto dice, "el decreto anterior iluminó en lo concerniente a la devoción al Sagrado Corazón; el decreto de hoy deberá llenarlos de amor por Él. El primer decreto puede aconsejar virtud, *el último debe persuadirlos hasta el heroísmo en la práctica de la devoción al Sagrado*

Corazón de Jesús." En la conclusión del decreto, Su Santidad repite nuevamente con énfasis verdaderamente notable que la "devoción del Sagrado Corazón supone también el triunfo sobre el respeto humano."

Estos pasajes merecen ser notados porque conscientemente o inconscientemente están en perfecta harmonía con las conclusiones a las que puede llegar un lector piadoso de la *Autobiografía*, esto es, que la Santa hace un llamado y a que la respuesta a éste sea a hacerlo con "heroísmo." Leídas estas páginas en éste espíritu, y recordando su sencillas obediencia y humildad, no solo iluminará y convencerá a la mente sino su maravillosa unción inspirará la paz y confianza que el mismo Nuestro Señor promete. Estamos en comunión con una santa; somos privilegiados al compartir sus miedos, sus éxtasis de amor, aún la misma debilidad que son su verdadera fuerza. Todo esto es un gran medio de gracia ofrecida a quien desee tomarlo en el espíritu de una fe viva. La *Autobiografía* no es meramente un libro de lectura espiritual, es un depósito de tesoros de fortaleza espiritual y estimula a ser leído hincado en el reclinatorio o mejor aún, en la presencia de ese Divino Maestro quien tuvo como designio escribir sus más brillantes páginas primero en su corazón al tiempo que ella se inclinaba en adoración ante a Su Trono Eucarístico.

Una palabra del libro es necesaria. La mejor historia de la *Autobiografía* se obtiene de las declaraciones dadas durante el proceso de 1715 por parte de la Hermana Claude de Frages, quién estaba a cargo de la enfermería del convento de Paray-le-Monial durante las últimas enfermedades de la Santa. Aparentemente, como lo establece esta hermana en sus declaraciones, la religiosa agonizante, en medio de los consuelos que experimentó se alarmó ante el mero pensamiento de que se le rindiera algún honor a ella o a sus escritos después de su muerte. Así, le dijo: "Escribe, te ruego, querida Hermana, al Padre Rolin y pídele que queme mis cartas y mantenga inviolable el secreto como tantas veces le pedí." No contenta con esto, un poco más tarde imploró con la mayor seriedad a la misma hermana "que quemara el cuaderno que se encontraba en el armario y que fue escrito por orden de mi confesor, el Padre Rolin de la Sociedad de Jesús, quien me prohibió destruirlo antes que él lo hubiera examinado." El "cuaderno" es su *Autobiografía* la cual es aún atesorada en Paray-le-Monial como una reliquia preciosa. Mide alrededor de nueve pulgadas y contiene sesenta y cuatro páginas, clara y firmemente escritas por la mano misma de la santa. El Padre Francis Rolin, S.J., le había ordenado escribir este relato de las relaciones de Nuestro Señor con su alma. Ella obedeció con gran aversión, alentada por su Divino Esposo al parecer, y el trabajo fue completado en 1685. Afortunadamente el Padre le había prohibido destruir el escrito y felizmente la veneración de la Hermana de Farges por su paciente le causo desobedecer su petición. De hecho, la buena Hermana persuadió a Santa Margarita María de que era un acto más perfecto el dar la llave del armario a la Reverenda Madre y hacer un sacrificio de todo lo demás en las manos de Dios. Esto fue rápidamente llevado a cabo "aunque le costo no poco a ella" y el sagrado manuscrito fue salvado.

El Padre Gallifet, S.J., fue el primero en publicarlo en un tratado sobre el Sagrado Corazón que apareció en Roma en 1726 y después en 1733 en francés. Sin embargo, ciertas libertades de estilo y dicción fueron llevadas a cabo en esta y en versiones subsecuentes alterando el texto antiguo. En la traducción ante nosotros, el original ha sido seguido lo mas exactamente y un esfuerzo digno de alabanza se ha llevado a cabo para preservar el encanto sencillo de la *Vie par elle-même* publicada en Paray-le-Monial en 1918 la cual ha pasado ya mas de diez mil copias.

Las Hermanas de La Visitación, Walmer, han merecidamente ganado nuestra gratitud por hacer esta gran reliquia espiritual de su instituto accesible a todos los países de habla Inglesa.

W. Peers Smith, S.J.

Fiesta de Santa Margarita María 1929.

V ✝ J!

PREFACIO

A LA EDICION EN FRANCES DE 1924

Al publicar la "Vida de Sta. Margarita María escrita por ella misma" en un volumen por separado supimos bien que estábamos cumpliendo con los deseos de unos pocos, pero no pensamos que estos pocos serían rápidamente transformados en una siempre creciente multitud. Sin embargo, tal es el encanto que las humildes páginas de la gran Santa de Paray ejerce en las almas, que miles de copias de su *Autobiografía* han sido circuladas en un corto tiempo. Está en nosotros hacer provisiones que sean siempre procuradas, y por esta razón estamos ahora publicando una nueva edición, más pequeña en tamaño que las precedentes - para llenar las demandas expresadas en este sentido. En adelante el texto auténtico puede ser más fácilmente meditado.

Entre más se parece un retrato al original, más valor tiene. Ahora, en su *Autobiografía,* no solamente Santa Margarita María narra su vida con perfecta simplicidad y sinceridad, sino que se describe a si misma como ella fue y como ella se vio a si misma bajo la luz del Espíritu Santo. Esta última frase es muy importante, y nunca debe ser perdida de vista, para que no se sienta la tentación de acusar a la santa de exageración y de estar necesitada de moderación en su

apreciación de si misma. Cuando la luz divina penetra
las almas de los santos, arroja tales rayos de claridad que
ellos descubren lo que ellos llaman "grandes signos,"
donde nosotros podemos únicamente ver las mas pequeñas
imperfecciones o simples faltas de la debilidad humana.
Por ejemplo, oímos, por un lado, a Santa Margarita María
diciendo y repitiendo que ha "cometido grandes crímenes,"
que "ofendió a su Dios en demasía," mientras, por otro lado
sus confesores afirman que ha preservado su bautismal
inocencia.[15] ¿En esta diferencia de opiniones a quien se le
debe creer? Osamos replicar: "A ambos."

Es verdaderamente cierto que la Santa nunca ofendió
gravemente a Nuestro Señor, ya que nunca perdió su
bautismal inocencia: el juicio de sus directores es testigo de
esto. Pero ella misma, Margarita María - la Confidente del
Corazón de Jesús - acostumbrada a vivir en la presencia de la
"Santidad de amor y justicia," ve tal distancia entre la pureza
relativa de su alma y la absoluta pureza del Dios a quien ella
ama, que estigmatiza como imperfección y pecado todo lo
que no está en acuerdo con esta Divina Pureza. Por lo tanto
está continuamente lamentando las ofensas y la ingratitud de
la que se cree culpable contra Dios…Y por lo tanto, también,
de ese habitual estado de confusión en presencia de su
propia indignidad en la cual la vemos sumergida. ¿Debemos
sentirnos ofendidos ante todo esto o estar atónitos? ¡De
ninguna manera! Ella es la discípula privilegiada instruida
por el Señor de Los Señores quién le ha dicho: *"Aprende que
soy un Santo Maestro, uno que enseña Santidad. Soy puro y
no admito la menor de las afrentas."* Por lo tanto la Santa de
Paray tiene razón al deplorar tan amargamente hasta la menor
de sus faltas, y una de las bellezas de su *Autobiografía* es que

---

[15]   Cp, Circular del Monasterio de Paray, agosto 8, 1691, y del trabajo del
Padre Croiset, edición 1691.

nos muestra a que grado el Amor Divino es capaz de suscitar humildad en un corazón al que ha cautivado completamente.

Más aún, no hay ansiedad alguna en cuanto a la forma en toda esta narrativa escrita por obediencia. En la opinión del estimado Mgr. Gauthey, estas son "páginas admirables" en las cuales se insertan materia sublime y palabras sin la menor afectación.[16] Aquí admiramos a un alma poseída por no otra hambre y sed que la de glorificar a su Soberano Señor quien la ha escogido para tan grande proyecto, sin nunca sentir autocomplacencia por esta elección Divina. Cuando una vez una tentativa de vanidad se alza en la parte inferior de su alma, instantáneamente la voz de su Maestro celestial restaura el orden con esta severa reprimenda: *"¿Que tienes tu, polvo y ceniza, en que te puedas gloriar?"* Y nuestra Santa vuelve otra vez a sumirse en su nulidad.

Muchas veces ella había recibido la orden de escribir lo que estaba pasando en ella. Como esto le parecía más allá de su poder, había sido ingeniosa buscando el medio de reconciliar su sumisión a la orden recibida con el horror de hablar de si misma, destruyendo lo que había escrito con la esperanza que no hubiera mención de ella, tanto durante su vida como después de ella. Pero su director, el Padre F.J. Rolin, S.J., quien había estado en Paray por primera vez de 1683-1684 y ausente de 1684-1685 para llevar a cabo su tercer año de noviciado, regresando allí en 1685, impuso entonces sobre Sta. Margarita María el que escribiera su vida, dándole la orden que no debería quemar nada sin que él lo hubiera examinado. Entonces empezó ella, confesando, en las mismas primeras líneas, que solo Dios conocía la gran aversión "que sentía al hacerlo."

---

[16]   Life and Works, Vol. II, página 24.

El Padre F.J. Rolin dejó Paray en el otoño de 1686, antes de ser capaz de seguir con las memorias, que se quedaron sin terminar, ya que la Santa dejó de escribir después de su partida. Cuanto sintió su muerte, temblaba con el mero pensamiento de dejar el manuscrito, y le suplicó a la Hermana Péronne-Rosalie de Farges que lo quemara, ya que se le había prohibido que lo hiciera ella misma. La Hermana Frages tuvo el buen cuidado de no cumplir con su encargo. Simplemente indujo a la moribunda hermana a entregar a la Superiora[17] la llave del armario que contenía el escrito, y ofrecerle a Dios en esta ocasión el sacrifico de su propia voluntad. Margarita María lo hizo, aunque le costó mucho.

Esta fue la forma en que la Providencia previó que este tan importante documento debería ser preservado para la posteridad como evidencia excepcional, no solo de la santidad de esta alma escogida, sino aún más sobre la verdad acerca de las revelaciones del Sagrado Corazón.

Mantenido en el monasterio de la Visitación de Paray-le-Monial como una atesorada reliquia, el manuscrito es 146 milímetros de ancho por 200 de largo, comprendiendo de 64 páginas, muy compactas y llenas de su bella y característica escritura que todavía deleita aquellos que lo leen. Este escrito autógrafo fue certificado como verdadero por la Hermana Anne-Elizabeth de la Garde y firmado por Dom de Bansière en el proceso de julio 22, 1715.

El Padre de Gallifet, asistente en Francia al Muy Rev. Padre General de la Sociedad de Jesús, obtuvo de la Hermana de la Garde una copia autentica de esta memoria preciosa. En marzo 6, 1725, da gracias a la Superiora de Paray con estas palabras: "Hace pocos días recibí la 'Vida de la Ven. Hermana Margarita Madre Alacoque'. El barco en que la 'Vida' y otros paquetes fue enviada a nosotros desde Marsella encalló cerca

---

[17]   Madre Catherine-Anoinette de Lévy-Châteaumorand.

de Livourne. Los paquetes permanecieron por cuatro días en el agua, pero fueron recobrados. La copia en que la 'Vida' estaba escrita permaneció sin daño, y me llegó en casi tan buena condición como si nada hubiera pasado. Espero recibir gran asistencia de la lectura de estas Memorias para gloria del Sagrado Corazón de Jesús Cristo."

El Padre de Gallifet fue el primero en darlo a conocer en su libro en latín sobre el Sagrado Corazón, un trabajo que fue publicado en Roma al final de 1726. Cuando regresó a Francia, una de sus primeras tareas fue la de traducir el libro del latín al francés, y la primera edición apareció en 1733. Muchos otros siguieron. El de 1743 contenía no solo la 'Memorie de la Doeur Marguerite' - sino también el prefacio apologético del Padre Gallifet sobre las memorias de la santa.

El Padre Gallifet, al publicar la *Vida de la Sierva de Dios* escrito por ella misma, trató de mejorar el estilo, siguiendo las costumbres y gustos de la época, pero al hacerlo lo privó de algo de su encanto original. Era sin embargo aún el recuento de las mismas gracias maravillosas, pero no era dicho, en ningún aspecto, de la manera de ella, quien había sido la receptora. Cuando en 1867 la Visitación de Paray publicó la primera edición de las *Oeuvres de la Bieheureuse*, se consideró deseable restaurar al texto original de la *Vie par elle même*. Sin embargo había sido necesario eliminar algunos pasajes, para omitir ciertas palabras, y, al contrario, aumentar otros en corchetes, para hacer la "lectura más fluente." Como este método no es usado mas en estos días, estamos dando pura y simplemente el texto de la Santa, como ella misma lo escribió. Sin duda, y estamos lejos de negarlo, hay oraciones con faltas, algunas son muy largas, otras incompletas u obscuras. Pero ¿Acaso esto importa? Fijémonos bien y recordemos, que no es una pieza literaria la que compone la Santa, sino el simple relato de las incesantes y prodigiosas gracias con las que fue favorecida lo que escribe bajo el solo ojo de Dios. Tanto menos hubo estudiado la manera de escribir este relato, tanto más impresionante lo logró, liberándolo así de toda mixtura humana. Adicionemos a esto que, cuando pensamos en el numero de veces que reinició el escribir éstas *Memoir*, y que probablemente nunca las releyó - no permitiéndolo Nuestro Señor - nos maravillamos que no hay más errores.

Hemos retenido las 111 notas marginales acerca del texto, tan oportunamente introducidas por Monseñor Gauthey, lo que facilita la investigación. Hemos únicamente añadido aquí y allá algunas notas al pié para ayudar al lector para encontrar su camino en esta esta historia donde la Santa no menciona nombres, y no mantiene un orden cronológico. Hemos por supuesto, usado ortografía moderna, excepto que hemos a menudo, de acuerdo a la costumbres de los tiempos, dejado el verbo y el adjetivo, ocurriendo después de varios casos, en el número singular. La palabras en corchetes son necesarias para dar a aquellas en el original, mayor claridad.

El Divino Maestro había prometido cubrir con la unción de Su gracia todo lo que escribió por pura obediencia. Ojalá Se digne cumplir su promesa en favor de todos los que lean las página que siguen, y que todos lean como santificarse a si mismos en la escuela del Sagrado Corazón de Jesús y de Santa Margarita María.

Su causa ha gloriosamente triunfado sobre todo obstáculo, y la Providencia ha deseado que, después de los horrores de la Gran Guerra, su canonización sea precedida por el esplendor de la consagración de la Basílica del "Voeu National" en la colina de Montmartre, como para probar, no solo a Francia sino a todo el mundo, que Margarita María había completado su misión, y que esta fiel mensajera del amor de Dios al hombre era merecedora de ser inscrita en el Catálogo de Los Santos. *Exaltavit humiles!* Tal es la sublime lección que se saca de la humilde vida y magnífica exaltación de Margarita María en la mera brillantez del reino del Sagrado Corazón. Más que nunca, desde su canonización, la Santa ha sido fiel a su misión de extender este bendito reino sobre todo el mundo, ¿Y como logra esto? Ella vuelve a los corazones hacia el Sagrado Corazón, los lleva a Él y atrae sobre cada uno las gracias de la salvación y santificación de las cuales es la fuente. Y así por la Voluntad de Dios, Sta. Margarita María es un canal de misericordia para la Iglesia. En la primera de las grandes Apariciones, ¿Acaso no dijo Nuestro Señor a su amada Discípula: *"Mi Divino Corazón esta tan inflamado con amor a toda la humanidad, y por ti en particular, que, no siendo más capaz de contener las flamas de su ardiente caridad dentro de si mismo, deben ser propagadas en el extranjero por medio tuyo."*? Y esto se lleva a cabo cada día más y más. ¿Cómo podemos ser testigos de esto sin corresponder dando gracias a Dios?

Desde nuestro Monasterio de Pray-le-Monial,

Marzo 25, 1924.

D.S.B.

VIDA DE
SANTA MARGARITA MARÍA
ALACOQUE

Es por amor a Tí, Oh mi Dios, y por obediencia, que yo me someto a escribir este testimonio, pidiendo Tu perdón por la resistencia que he presentado. Solamente Tú sabes lo grande que es mi aversión a esto; solamente Tú puedes darme la fuerza para sobreponerme, porque ésta obediencia fue dada a mí por Tí, para castigar el placer excesivo que siempre he sentido al tomar la precaución de sepultarme en un total olvido de parte de las criaturas. Fue después de haber obtenido una promesa de parte de personas que pensé podrían ayudarme en esto, y después de haber confinado a las llamas lo que quedaba de lo explicado anteriormente, que por obediencia había escrito, que esta orden fue dada a mí. Concede, oh mi Soberano Dios, que no pueda escribir nada que no sea para Tu mayor gloria y para mi propia confusión.

¡Oh mi único Amor! ¡Cuanto estoy en deuda contigo!... Desde mis más tiernos años Tú me guiaste con Tú gracia y Tú Mismo Te constituiste en el Maestro y dueño de mi corazón, aunque Tú sabías perfectamente la resistencia que te habría de presentar. Tan pronto como pude conocerme a mí misma, Tú

Mismo manifestaste a mi alma lo espantoso que es el pecado, a cuya vista desde entonces se implantó en mi corazón un horror tan terrible, que la menor mancha era un tormento insoportable para mí. Para frenar mi vivacidad infantil, era suficiente decir que Dios sería ofendido; esto me hacía detener y alejarme de lo que quería hacer.

Sin saber su significado, me sentía urgida a pronunciar las siguientes palabras: "Oh mi Dios, consagro a Tí mi pureza, y Te hago voto de perpetua castidad." Esto lo llevé a cabo entre las dos elevaciones en Misa que acostumbraba escuchar en mi rodillas desnudas, aún en el clima más frío. No entendí lo que había hecho, no lo que significaban las palabras "voto" y "castidad," pero mi único deseo era el de esconderme en algún bosque, y la única cosa que prevenía que lo pudiera llevar a cabo era el miedo de encontrarme con algún hombre.

La Santísima Virgen siempre ha tenido un gran cuidado de mí. Había recurrido a ella en todas mis necesidades, y me había salvado de grandes peligros. No me atrevía a dirigirme a su divino hijo, solamente a ella, y seguido le presentaba la pequeña corona del rosario, que decía sobre mis rodillas desnudas, o haciendo genuflexiones y besando el suelo con cada Ave María.

Perdí a mi padre cuando era muy joven, y mi madre habiendo tomado a cargo la custodia de sus cinco hijos, estaba raramente en casa; siendo la única hija[18], fui dejada hasta la edad de ocho y medio sin alguna otra educación que la que recibí de los sirvientes y de otras personas de la aldea.

Fui enviada al convento, donde hice mi Primera Comunión cuando tenía aproximadamente nueve años de edad. Esta comunión derramó tal amargura sobre mis pequeños placeres y entretenimientos que ya no pude disfrutar ninguno de ellos. Aunque los buscaba ansiosamente. Siempre

---

[18]   Su hermana menor Gilberte, nacida en 1649, había muerto en 1655.

que quería unirme a los juegos de mis compañeros, sentía algo que me llamaba y me llevaba aparte a un pequeño rincón, sin dejarme en paz hasta que lo seguía. Nuestro Señor entonces me hacia entregarme a la oración, lo que hacía casi siempre postrada en oración, en mis rodillas desnudas o haciendo genuflexiones, siempre y cuando nadie me viera, porque era un extraño tormento cuando alguien me veía.

También sentía un extraño deseo de hacer todo lo que veía hacer a las monjas, porque yo las veía como santas y pensaba que, si fuera una religiosa, yo también, sería una como ellas. Esto me llenaba con un anhelo tan grande (por el estado religioso) que no pensaba en nada más, aunque, por mi parte, no pensaba que las monjas estaban lo suficientemente recluidas; pero, no conociendo ningunas otras, me imaginaba que tendría que quedarme con ellas.

Caí, sin embargo, en tan lastimoso estado de salud que por cuatro años me fue imposible caminar, mis huesos como si cortaran mi piel. Consecuentemente fui separada del convento al término de dos años; pero como no se podía encontrar remedio a mi enfermedad, fui consagrada a la Santísima Virgen, con la promesa de que si me curaba, sería algún día una de sus hijas. Apenas había hecho el voto, fui curada y tomada de nuevo bajo la protección de Nuestra Señora. Se hizo de tal manera Señora de mi corazón, que, viéndome como suya, me gobernaba como totalmente dedicada a Ella, reprimiéndome por mis faltas y enseñándome como hacer la voluntad de Dios. Pasó una vez que, mientras recitaba el rosario sentada, se me apareció y me dio la siguiente reprimenda lo cual, aunque muy joven en ese momento, nunca he olvidado: "¡Estoy sorprendida, hija mía," dijo ella, "que me sirvas tan negligentemente!" Estas palabras dejaron tal impresión en mi alma, que me sirvieron para toda la vida.

Una vez recuperada mi salud, pensaba únicamente en buscar el placer que disfrutaba con mi libertad, sin pensar mucho en lo tocante a cumplir mi promesa. Pero, Oh mi

Dios, poco me imaginaba entonces, lo que después me diste a entender y experimentar, a saber, que, el Sagrado Corazón habiéndome llevado al Calvario con tanto dolor, la vida que Tú me diste podía ser alimentada y mantenida únicamente por la Cruz, y, por lo tanto, esto sería mi más delicioso alimento. Así, tan pronto me había recuperado, me di a la vanidad y al afecto de las criaturas, sintiéndome halagada y dejando que la ternura que mi madre y hermanos tenían para mi me divirtiera y disfrutara tanto como yo quería. Pero Tú, Oh mi Dios, me hiciste ver que estaba equivocada en mi proceder, que había sido provocado, de acuerdo a mis inclinaciones naturalmente proclives al placer, y no de acuerdo a Tus designios que eran muy diferentes a los míos.

Mi madre habiéndose despojado de toda autoridad en su casa, aquellos en quien la había depositado, la ejercían de tal manera que ella y yo fuimos reducidas a la cautividad; pero no deseo culpar a estas personas de lo que voy a decir, ni tampoco creo hicieron algo incorrecto al causarme sufrimiento. Mi Dios no me permitía tener este pensamiento, sino deseaba que yo los considerara como instrumentos empleados por Él para que se llevara a cabo Su Santa Voluntad. Nosotros por lo tanto no teníamos ningún poder en la casa y no osábamos hacer nada sin permiso. Era un batalla continua; todo era mantenido cerrado bajo llave, tanto así, que seguido no encontraba algo que ponerme para ir a Misa, y hasta me veía obligada a pedir prestado tanto el sombrero cono el abrigo. Fue en estos momentos especialmente que empecé a darme cuenta de mi cautividad, a lo cual, sin embargo, me sometí tan completamente que nunca hice la menor cosa, ni me iba de la casa, sin el consentimiento de estas personas.[19]

---

[19]   Estas personas, a quienes en un perfecto espíritu de caridad Santa Margarita María tiene el cuidado de no mencionar, fueron: 1o su abuela, Jeanne Delaroche, viuda de Claude Alacoque; 2o su tía, Benoit

Desde ese tiempo todos mis afectos se tornaron hacia el Santísimo Sacramento del altar donde buscaba mi único deleite y consuelo. Pero estando en una aldea, y a alguna distancia de la iglesia, podía ir únicamente con el consentimiento de las personas arriba mencionadas, y sucedía seguido que cuando una estaba de acuerdo la otra no. Cuando mostraba mi dolor con lágrimas, me lo reprochaban diciendo que había hecho alguna cita con algún joven, y que estaba frustrada al no poder encontrarme con el y ser halagada y hacían un escándalo; y que el deseo de ir a la Iglesia o a la bendición del Santísimo Sacramento era únicamente un pretexto. Y sin embargo, yo tenía tanto horror en mi corazón a cualquier cosa de ese tipo, que hubiera preferido ver a mi cuerpo desgarrado en mil pedazos que permitirme tener esos pensamientos. En esos momentos no sabía donde refugiarme, excepto en alguna esquina del jardín o del establo o algún otro lugar solitario, donde pudiera verter mi corazón en llanto ante Dios por medio de la Santísima Virgen, mi buena Madre, en quien ponía toda mi confianza. Ahí permanecía días enteros sin comida o bebida, y como esto ocurría frecuentemente, la gente pobre de la aldea me tenía lástima y, por las noches me daban un poco de leche o fruta. Al retornar a la casa tiempo después, tenía tanto miedo y temblaba, que me veía a mi misma como una criminal que estaba a punto de recibir su sentencia de condenación. Me había considerado a mí misma más feliz mendigando mi comida que viviendo de esta manera, porque muchas veces no osaba tomar ninguna comida cuando me sentaba a la mesa. El momento en que entraba en la casa, la batalla se volvía peor que nunca porque no había atendido a la casa y a los niños de estos benefactores de mi

---

Alacoque, esposa de Toussaint Delaroche; 3o su tía abuela, Benoit de Meilin, viuda de Simon Delaroche y madre de Toussaint. Algunas veces era llamada "Madre Chappendye," del nombre de su aldea.

alma, y, no siéndome permitido decir una palabra, me iba a trabajar con la servidumbre.

Pasaba las noches como había pasado los días, llorando a los pies de mi crucifijo. Ahí se me daba el ver, sin mi entendimiento, que Él deseaba ser el Amo absoluto de mi corazón y prestarme a ser conformada en todas las cosas a su vida sufriente. Esto era por lo que Él quería constituirse a Si Mismo como mi Amo, haciendo a mi alma sentir Su presencia, para hacerme actuar como Él lo hizo en medio de sus sufrimientos crueles, que había padecido por amor a mi.

Mi alma en adelante fue penetrada de tal manera por este pensamiento que no habría deseado que mis sufrimientos cesaran por un momento. Desde ese momento Él estaba presente ante mi bajo la forma del crucifijo, o en *Ecce Homo*, o llevando Su cruz. Esto me llenaba de tales sentimientos de compasión y un amor tan grande que cualquier cosa que tuviera que sufrir parecía ligera en comparación con el ardiente deseo que tenía de padecer, que de ese modo me sometiera a ser conformada a los sufrimientos de Jesús. Lamentaba cuando esas manos, que algunas veces eran levantadas en mi contra para pegarme, eran prevenidas de dar rienda suelta a todo su rigor. Me sentía continuamente urgida a someterme a toda clase de servicios a esos verdaderos amigos de mi alma y me hubiera sacrificado gustosamente por ellos: era mi más grande placer hacerles bien y hablar bien de ellas tanto como fuera posible. Pero no era yo quien hizo todo esto que ahora escribo y que en adelante relatare en contra de mi voluntad. Fue mi Soberano Amo, quien, habiendo tomado posesión de mi voluntad, no permitía que profiriera queja alguna, murmurara o tuviera cualquier resentimiento contra estas personas; tampoco permitía Él que ninguno me mostrara lástima o compasión, diciendo que Él Mismo había sido así tratado, y que deseaba que, cuando no pudiera evitar que la gente me hablara de ellos, los disculpara y tomara la culpa yo misma, diciendo además, lo que es verdad, que mis pecados merecían mucho más.

He tenido siempre mucho cuidado de esconder todo esto que estoy escribiendo, de tal manera que nada de esto se conociera en adelante, tratando incluso de no retener ningún recuerdo de esto con tal que toda memoria fuera mi Buen Maestro. Por tanto, me queje con Él de la gran aversión que sentí, pero Él me dijo: *"Continua hija Mía, continua, no mas no menos vendrá de toda esta aversión; Mi Voluntad se debe llevar a cabo."*- Pero mi Dios, ¿Como puedo recordar algo que sucedió hace mas de veinticinco años? -*"¿Acaso no sabes que yo soy la memoria eterna de Mi Padre Celestial, de Quien nada es olvidado, delante de Quien el pasado y el futuro son como el presente? Escribe, por tanto sin miedo, de acuerdo a lo que te he de dictar, y te prometo la unción de Mi Gracia para que sea Yo glorificado."*

"En primer lugar Yo deseo esto de ti para mostrarte que Yo frustro y hago inútiles todas las precauciones que he permitido que hayas tenido para ocultar la profusión de gracias con las que Yo he tenido placer en enriquecer a tan pobre y miserable criatura como tú. De ahora en adelante no deberás de dejar de fijarte en esto, para que me rindas homenaje continuo de gracias por ellas."

"En segundo lugar, es para enseñarte que no deberás en modo alguno apropiarte de ellas para ti misma, y tampoco que tengas reservas al distribuirlas a otros, ya que mi deseo es el hacer uso de tú corazón como un canal a través del cual manen estas gracias en almas de acuerdo a Mis designios, por medio de las cuales arranque a muchas del abismo de la perdición, como te mostraré en lo sucesivo."

"En tercer lugar, es para manifestar que Yo soy la Verdad eterna, y que las gracias que Yo te he otorgado están abiertas a cualquier grado de indagación y prueba." Después de estas palabras me sentí tan fortalecida que, a pesar del gran temor que tengo de que esto sea conocido, estoy resuelta a

seguir adelante a cualquier costo, con tal que se lleve a cabo la Voluntad de mí Soberano Maestro.

La más pesada de mis cruces fue esa de no poder aliviar las de mi madre, que fueron cien veces más pesadas que las mías. Sin embargo, no le di el consuelo de hablar de ellas por miedo de ofender a Dios, por la satisfacción que pudiéramos tener al hablar de nuestras tribulaciones. Sentí esto más vivamente cuando ella estaba enferma, debido a que, habiendo sido abandonada totalmente a mi cuidado y atención, ella sufría mucho por esto. Algunas veces, todo había sido cerrado, y yo debía ir a mendigar por huevos y otras cosas necesarias para gente enferma. No fue tortura pequeña para mi natural timidez el estar obligada de pedir esto a los habitantes del pueblo, quienes frecuentemente me decían mas acerca de esto que lo que yo hubiera deseado. En una ocasión cuando ella sufría un peligroso ataque de erisipela en la cabeza que tenía muy hinchada y excesivamente inflamada, se contentaron con hacerle un sangrado llevado a cabo por un cirujano común de pueblo que estaba pasando por ahí. Él me dijo que no se recobraría sin un milagro, y aún así nadie mostró la menor preocupación excepto yo misma. Verdaderamente no sabía a quien recurrir, excepto a mi refugio habitual, a la Santísima Virgen, y a mi Soberano Maestro (en quienes únicamente podía confiar) para confiarles la angustia en que me encontraba continuamente inmersa. En medio de todo esto, recibía de aquellos alrededor mío desprecio, heridas y acusaciones, y no encontraba donde refugiarme. En la fiesta de la Circuncisión de Nuestro Señor fui a Misa y le pedí que Él Mismo fuera el Doctor y remedio de mi pobre madre, y que me enseñara lo que debía hacer por ella. Esto fue lo que hizo tan misericordiosamente que a mi vuelta a casa encontré que la hinchazón se había abierto, dejando una herida abierta en la mejilla, del tamaño de la palma de la mano, que exhalaba un olor tan insoportable que no había quien se le acercara. Yo no sabía como curar una herida, y hasta ese momento no había sido capaz de ver y tocar una. No teniendo ningún otro remedio que aquel de la Divina Providencia, todo lo que pude hacer fue remover cada día una cantidad de la carne podrida, pero sentía tal ánimo y confianza en la bondad de mi Soberano Quien parecía estar siempre presente, que, en pocos días, contrario a la expectativa de todos, la herida fue curada.

Durante el tiempo de su enfermedad, raramente podía ir a mi cama a dormir; apenas comía algo y a veces pasaba días enteros sin comer. Pero mi Divino Maestro me consolaba y daba fuerzas con perfecta conformidad a Su divina Voluntad, de tal manera que recurría a Él en todo lo que me pasaba, diciendo:"¡Oh mi Soberano Maestro! Esto no hubiera pasado si Tú no lo hubieras deseado así, pero te doy gracias por haberlo permitido, para que de aquí en adelante sea yo mas como Tú."

En medio de esto, me sentía fuertemente inclinada a la oración mental, y esto así mismo era causa de un gran sufrimiento para mí, debido a que no sabía como hacerlo, ni tampoco como aprender a hacerlo, no teniendo oportunidad de hablar con personas espirituales; todo lo que sabía de esto era la palabra 'oración mental,' por la cual mi corazón se sentía embelesado. Una vez más recurrí a mi Soberano Maestro, y Él me enseñó la manera en que Él quería que la hiciera, lo que me ha servido durante toda mi vida. Me hizo postrarme ante Él y pedirle perdón por todo lo que le había ofendido, y, después de un acto de adoración, le ofrecí mi oración, sin saber como hacerlo.

Entonces se presentó ante mí en el misterio en que quería que yo Lo considerara, apliqué mi mente con tal concentración, y mantuve mi alma y todos mis poderes absortos en Él que no sentí distracción alguna.

Mi corazón se consumió con el deseo de amarlo, lo que me dio un insaciable deseo de la Santa Comunión y de sufrir. Sin embargo, no sabía que hacer, porque no tenía tiempo a

mi disposición excepto en la noche, en que me pasaba tanto
como podía en oración. Pero aunque esta ocupación era
inexpresablemente dulce para mi, no pensé que fuera una
forma de oración, y, sintiéndome sin cesar urgida a orar,
le prometí a mi Divino Maestro que, tan pronto como me
hubiera enseñado, le daría todo el tiempo que pudiera. Sin
embargo, Su Bondad me mantuvo tan fuertemente ocupada en
la manera en que acabo de relatar, que me dio disgusto por
las oraciones vocales, que nunca podía decirlas en presencia
del Santísimo Sacramento, estando de tal manera absorta en
oración que nunca me sentía cansada.

Pude haber pasado días y noches enteros ahí, sin comer
o beber, y sin saber lo que estaba haciendo, excepto que
estaba siendo consumida en Su presencia como una vela
encendida, para regresar amor por amor. No podía permanecer
a la entrada de la iglesia y, a pesar de la confusión que sentía
nunca fallaba en acercarme tanto como podía al Santísimo
Sacramento. Contaba y envidiaba a aquellos felices que
podían comulgar seguido y que tenían la libertad de
permanecer ante el Santísimo Sacramento, y aunque era cierto
que hacía mal uso de mi tiempo, temía que no hacía otra cosa
que deshonrarlo. También me esforzaba en ganar la buena
voluntad de las personas de que hablé antes, para así poder
tener algunos momentos ante el Santísimo Sacramento. Pasó
una vez que, antes de Navidad, mi párroco desde el púlpito
indicó que quienquiera que no hubiera dormido durante las
vísperas de Navidad no podía recibir la comunión; y como
castigo de mis pecados nunca pude dormir las vísperas de
Navidad, y no osaba decírselo a nadie.[20] Ese día de regocijo

---

[20]   Esta extraña creencia, popular en aquel tiempo, de que se debía haber
dormido antes de acercarse a la Santa Mesa en Navidad, era en ese
tiempo mas o menos una creencia general, y evidentemente M.Antoine
Alacoque, Cura de Verosvres, la compartía.

fue consecuentemente para mí un día de llanto que tomó el lugar de la comida y el placer.

De hecho había cometido grandes crímenes, dado que una vez durante los días de Carnaval, junto con otras jóvenes, me disfracé con vana complacencia. Esto ha sido para mi causa de lágrimas amargas y tristeza durante toda mi vida, junto con la falta que cometí al adornarme con un vestido mundano con el mismo motivo de complacencia hacia las personas arriba mencionadas. Ellas fueron, sin embargo, empleadas por Dios como instrumentos de Justicia Divina para vengarse por las faltas con que yo lo había ofendido con mis pecados, ya que eran personas virtuosas y no tenían una mala intención actuando como lo hicieron con respecto a nosotras, y yo verdaderamente creí que no habían llevado a cabo falta alguna con respecto a nosotros, y creo verdaderamente que no fallaron de manera alguna, ya que fue mi Dios Quien quiso eso para nosotros, y yo no sentí ningún mal deseo para ellos.

Ay de mi! Mi Señor, ten piedad de mi debilidad en el exceso de mi profunda pena y confusión mientras escribo esto, y que Tú me haces sentir tan vivamente debido a la larga resistencia que te he opuesto. Sosténme, Oh mi Dios, que no sucumba bajo el rigor de estos justos reproches. No, protesto que, con la ayuda de Tú gracia, no volveré a resistirte, aún cuando esto me cueste la vida y me atraiga el desprecio de las criaturas; sí, aunque todo el furor del infierno se levante en armas contra mi para vengarte. Imploro Tú perdón por mi resistencia, y te suplico me des fuerza para llevar a cabo lo que Tú deseas de mí, a pesar de la aversión que mi amor propio me hace sentir.

Pero para continuar: conforme crecí, mis cruces crecieron; porque el demonio, para hacerme fallar contra el voto que había hecho, me hizo presentar con varias oportunidades ventajosas de matrimonio. Esto atrajo hacia la casa numerosas compañías que me vi obligada a ver, lo que no era tortura pequeña para mí. Porque, de un lado, mis relaciones me presionaban para aceptar; y mi madre, llorando incesantemente, me dijo que veía en mí su única esperanza de poner fin a su miseria uniéndose a mí tan pronto como me hubiera establecido en el mundo, diciendo además que esto hubiera sido un gran consuelo para ella. Por el otro lado, Dios perseguía mi corazón tan poderosamente que no tenía paz, ya que no solamente estaba mi oblación constantemente frente a mí, sino que también pensaba en los temibles tormentos que me esperaban si fallaba en mantener los votos. El demonio especialmente se aprovechaba del tierno afecto que tenía por mi madre, incesantemente presentando ante mí las innumerables lágrimas que vertía, sugiriendo que moriría de pena si me volvía una monja, ya que dependía enteramente de mí para el cuidado y atenciones que requería. Sería responsable ante Dios de su muerte. Esto era un penosísimo tormento para mí, ya que nos amábamos tanto que no podíamos ni siquiera separanos. Así que el deseo de ser monja, y el horror extremo que yo tenía contra todo lo que fuera contra la pureza me acosaba sin cesar.

Todo esto me martirizaba, ya que no tenía respiro, y muchas fueron las lágrimas que derramé, sin saber que curso tomar, sin tener a nadie a quien pudiera abrir mí corazón. Finalmente, la ternura de mi amor por mi madre empezó a ganar, y yo pensé que ya que era una niña cuando hice mi voto y no entendía su significado, podría fácilmente obtener un dispensa. Por lo demás temía grandemente renunciar a mi libertad, ya que pensaba que no podría seguir ayunando, dar limosnas, hacer disciplina tan seguido como yo quería; y también pensaba que la vida religiosa requería una gran santidad de parte de aquellos que abrazaban esa vida, lo que sería imposible para mí, y perdería mi alma en el claustro.

Por lo tanto empecé a frecuentar a la alta sociedad y a adornarme a mi misma para dar gusto a otros, tratando de darme gusto tanto como podía. Tú, Oh mi Dios, eras el único testigo del alcance y duración de este terrible conflicto interior, a lo que debí sucumbir mil veces si no hubiera sido por la ayuda especial de Tu misericordiosa Bondad, que tenía planes para mi mucho más allá de aquellos que planeé en mi corazón. En esta ocasión como en muchas otras, me diste a entender que sería difícil resistir el poderoso influjo de Tú amor. Y, aunque en mi malicia e infidelidad empleaba mi mayor esfuerzo e hice uso de todo recurso para oponer y dominar sus mociones en mí, todo fue en vano, ya que en medio de la compañía y diversión enviaba tan ardientes dardos a mi corazón que lo atravesaban y consumían en todos lados; y el dolor que sentía en en consecuencia me dejaba sin aliento.

Dado que esto no era suficiente para que un corazón ingrato como el mío cediera, me sentí como si estuviera atada con cuerdas y llevada con tal fuerza, que finalmente me vi forzada a seguir a Aquel que me llamaba. Entonces me llevó a un lugar aparte, donde me regaño severamente, por que estaba celoso de mi miserable corazón, la presa de tal persecución nunca vista. Postrándome cara en el suelo pedí Su perdón, y entonces me hizo tomar una larga y severa disciplina. Sin embargo, a pesar de todo esto, empecé a resistirme como antes regresando a mis vanidades. Pero cuando, en la noche, me quitaba esas malditas libreas de Satán, es decir esos atuendos mundanos instrumento de su malicia, mi Soberano Maestro se presentaba desgarrado y desfigurado en el momento de su flagelación, y con amargos reproches me dijo que era mi vanidad que lo había reducido a Él a este estado, y que estaba perdiendo tiempo preciosismo del cual Él habría de demandar un riguroso detalle en el momento de mi muerte. Me dijo además que lo había traicionado y maltratado, a pesar de las muchas pruebas que me había dado de Su amor y de Su deseo de que me conformara a Él. Esto hizo tal impresión en mí y causo tan dolorosas heridas en mí corazón, que lloré tan amargamente que me es difícil expresar todo lo que sufrí o lo que sucedía dentro de mí.

Dado que nunca había sido instruida acerca de la vida espiritual ni había oído hablar a nadie de ello, en ese momento no sabía nada más allá de lo que había sido enseñada por mi Divino Maestro y a lo que tan amorosamente había sido constreñida. Para vengar hasta cierto punto en mí lo que le había hecho a mi Divino Maestro, y para tener cierta semblanza de semejanza con Él, aliviando el dolor que sentía, amarré mi miserable cuerpo con cuerdas con nudos, de tal manera apretadas que con gran dificultad apenas podía comer y respirar. Dejé las cuerdas tan largo tiempo que se enterraron en mi carne que creció alrededor de estas, y no podía extraerlas sino con gran violencia y dolor excesivo. Hice lo mismo con pequeñas cadenas que apreté alrededor de mis brazos, y que al ser removidas arrancaban pedazos de carne con ellas. Dormía en una placa o en palos con cuerpos afilados en los que tomaba mi descanso durante las noches; además de todo esto me disciplinaba. Traté de encontrar en estas penitencias algún alivio a esa tan severa lucha interna y dolor que sentía, que comparadas con todo lo que sufría externamente esto parecían nada - aunque las humillaciones y contradicciones, como dije antes, iban aumentando continuamente en lugar de disminuir - todo esto, repito, me parecía un alivio en comparación con mi angustia interior. Tenía que hacerme violencia extrema para poder soportarlos en silencio, de acuerdo con las instrucciones de mi Buen Señor, y para mantenerlas escondidas, para que nada se viera externamente, excepto que se me veía pálida y desmejorada.

El miedo que sentía de poder haber ofendido a Dios era un tormento mayor que todo lo demás, ya que me parecía que mis pecados eran continuos y tan grandes que me sorprendía que el infierno no se abriera bajo mis pies para sepultar viva tan miserable pecadora. Apenas podía confesarme, aunque yo deseaba hacerlo todos los días. Veía a esos que se tardaban mucho al confesarse como santos, aún cuando eran muy diferentes a mí, quien no sabía como acusarme de mis faltas. Esto me hacía llorar amargamente.

Después de que muchos años habían pasado así en medio de conflictos y diferentes tipos de sufrimientos, durante los cuales la única consolación que recibía era esa que me daba mi Señor Jesucristo, que se había hecho mi Soberano Maestro, sentí el deseo por la vida religiosa renacer en mi corazón con tal intensidad que me decidí a abrazarla a cualquier costo. !Ay! Sin embargo, esto no pudo llevarse a cabo sino cuatro o cinco años más tarde. Mientras tanto mis conflictos y dificultades aumentaban por todos lados, y yo entretanto trataba de aumentar mis penitencias de acuerdo a lo que permitía mi Divino Maestro.

Habiendo cambiado sus maneras para conmigo, haciéndome ver la belleza de la virtud, especialmente de los votos de Pobreza, Castidad y Obediencia, me decía que *"observándolos uno se vuelve santo;"* me decía esto porque en mis oraciones, frecuentemente le suplicaba que me hiciera santa. Apenas leía otra cosa que no fuera "Vidas de Santos," y, al abrir el libro, me decía: "Debo encontrar una que sea fácil de imitar, para que pueda hacer lo que ella hizo para volverme santa como ella." Pero me sentía devastada al darme cuenta de lo mucho que había ofendido a mi Dios, y aunque los Santos no lo habían ofendido como lo había hecho yo, o al menos si alguno lo había hecho, nunca habían dejado de hacer penitencia por ello. Esto me animaba con un gran deseo de imitarlos, pero conforme mi Divino Señor me inspiraba un gran miedo de hacer mi propia voluntad, creía aún entonces que nada había que lo satisficiera, a menos que se hiciera por un motivo de amor o de obediencia. Mi corazón deseaba ardientemente, como consecuencia, amarlo y llevar a cabo todas mis acciones por obediencia, y ya que no sabía como practicar uno o el otro, pensaba que era pecado decir que amaba, porque me parecía que mis acciones contradecían mis palabras.

Por lo tanto le pedí a Él que me enseñara que hacer para agradarle. Me lo hizo saber en la siguiente manera: Me inspiró un amor tan tierno por los pobres que gustosamente no hubiera conversado con nadie mas. También me inspiro sentimientos profundos de compasión por sus miserias que, si hubiera estado en mi poder, no hubiera retenido nada para mí; por lo tanto cuando tenía algún dinero, se lo daba a los niños pobres y los inducía a venir a mí de tal manera que les pudiera enseñar el catecismo y a orar. La consecuencia era que me rodeaban en tal numero que no sabía donde congregarlos en el invierno excepto en un cuarto grande, del que algunas veces nos sacaban. Esto era fuente de una gran mortificación para mí, porque no quería que nadie supiera lo que estaba haciendo. Era generalmente sabido que le daba todo a todos los niños pobres que pudiera encontrar, pero no me atrevía a hacer esto por miedo de tomar lo que no me pertenecía; era muy cuidadosa en dar únicamente lo que me pertenecía, y aún eso no lo hacía sin tener permiso de salir. De hecho, me veía obligada a usar palabras dulces para hacer que mi madre me permitiera regalar lo que tenía, pero, ya que me amaba dulcemente, consentía más o menos con gusto. Si algunas veces se rehusaba, me ponía en paz, y un poco más tarde regresaba a la carga, porque no podía hacer nada sin permiso. Sin embargo, no era únicamente a mi madre a quien me sometía, sino también a las tres personas con quienes vivía, lo que era un continuo martirio para mí. Me daba cuenta que me tenía que someter a quienes tenía la mas grande aversión y obedecerles, para probarme si podía ser una religiosa. Los permisos que continuamente pedía me trajeron despreciativos rechazos e incrementaron mi cautividad, porque les daba tal autoridad sobre mi, que hubiera sido imposible para cualquier religioso ser mas subordinado. Pero mi ardiente deseo de amar a Dios me permitía sobreponerme a cualquier dificultad, y por lo tanto era muy cuidadosa en hacer lo que era contrario a mis inclinaciones, por las cuales sentía una gran aversión. Sentía tal urgencia de hacer esto que me acusaba continuamente en confesión cuando fallaba en seguir este impulso.

Tenía extrema repugnancia a mirar cualquier herida; así que para vencerme, empece a besarlas y curarlas, aunque no sabía como llevarlo a cabo. Pero mi Divino Maestro sabía tan bien como suplir por mi ignorancia, que en un corto tiempo, por más que fuera una herida horrible, eran curadas sin otra medicina que la de su providencia; yo confiaba mas en su bondad que en los remedios externos.

Yo era naturalmente atraída al amor por placer y a la diversión, pero ya no los gozaba, aunque los buscaba anhelantemente. La vista dolorosa de mi señor después de la flagelación evitaba que los gozara, y las siguientes palabras con que se me dirigía, me atravesaban el corazón: *"¿Podrías tener este placer, mientras que yo no tuve nunca uno y me entregué a toda clase de amargura por amor a ti y para ganar tu corazón? Sin embargo, aún así regateas conmigo."* Esto hizo una profunda impresión en mí, pero sinceramente reconozco que no entendí nada de esto, tan grande era mi ignorancia, y tan poco versada estaba en las cosas espirituales, y si hice algo bueno, fue simplemente porque me urgió tan poderosamente que no me podía resistir. Me lleno de confusión al escribir esto, y quisiera que sea conocido que soy merecedora del más riguroso castigo eterno debido a mi continua resistencia a Dios y mi oposición a su gracia. Quisiera así mismo hacer conocer sus misericordias, porque parecería que se había propuesto perseguirme y oponer su bondad a mi malicia, y su amor a mi ingratitud. El pensar que no había sabido reconocer a mi Soberano Redentor, quien desde mi infancia me había tenido en tan amoroso cuidado, ha sido fuente constante de dolor para mí toda mi vida.

Sobrecogida con asombro al ver que Él no me rechazaba por mis muchas faltas e infidelidades con que me veía a mí misma, me dio esta repuesta: *"Es por mi deseo de hacer de ti, como si lo fuera, una parte de Mi Amor y de*

Mi Misericordia." En otra ocasión Me dijo: *"He escogido hacerte Mi esposa, y nos prometimos fidelidad cuando me hiciste tu voto de castidad. Fui Yo quien te urgía a hacerlo, antes de que el mundo tuviera parte de tu corazón, porque yo deseaba tenerlo totalmente puro sin mancha de ningún afecto mundano; y para mantenerlo así, eliminé toda malicia de tu voluntad para que no fuera corrompido."*

"De esta manera te confié al cuidado de Mi Santa Madre, para que te formara de acuerdo a mis designios." En verdad, Ella se ha mostrado siempre una buena Madre para mi, y nunca me ha negado su ayuda. En todas mis preocupaciones y necesidades recurrí a ella con la mayor confianza, porque me parecía que no tenía nada que temer bajo su maternal protección. Por lo tanto hice voto de ayuno todos los sábados y de recitar su oficio de la Inmaculada Concepción tan pronto como fui capaz de leerlo; también prometí decir diariamente durante toda mi vida, siete Aves Marías, haciendo siete genuflexiones en honor de sus siete dolores, y me di a ella como esclava, suplicándole no rehusarme en esta capacidad. Hablé a esta buena Madre simplemente como una niña y en adelante sentí por ella un verdadero y tierno afecto.

Sin embargo, me reprimió severamente cuando me vio a punto de rendirme en ese terrible combate que sentía dentro de mí. Ya que, no siendo capaz de resistir las demandas de mi familia y las lágrimas de mi madre, a quien amaba tiernamente, y quien continuó diciéndome que una chica debía casarse a la edad de veinte. Empecé a estar de acuerdo con su forma de ver las cosas. Satán, también, me decía continuamente: "Pobre desdichada, ¿Que quieres decir con eso de que quieres ser una monja? ¡Te volverás la burla de todo el mundo, porque no serás capaz de perseverar, y llena de vergüenza estarás cuando te quites el hábito y te vayas del convento! ¿A donde te irás a esconder?" En medio de todo esto lloré amargamente, porque debido al gran disgusto que sentía por el matrimonio, no sabía que hacer, hasta que al final mi Divino Maestro, quién siempre mantuvo mi voto frente a mis ojos, tuvo piedad de mí.

Un día después de la comunión me mostró, si no me equivoco, que Él era el más hermoso, el mas rico, el más poderoso, el más perfecto y el más cumplido de todos los amantes. Después de haberme prometido a El por tantos años, *"¿Como es que ahora, dijo Él, buscas romper conmigo por otro?" "¡Oh! Ten la seguridad que, si me haces mal con esto, te abandonaré para siempre; pero si permaneces fiel a Mí nunca te dejaré, Yo mismo seré tu victoria sobre tus enemigos. Perdono tú ignorancia porque, todavía no Me conoces; pero, si eres fiel a Mi y me sigues, te enseñaré a conocerme, y me manifestaré a ti."* Mientras hablaba así, sembró de calma mi interior y llenó mi alma con tal paz, que resolví en adelante morir antes que cambiar. Entonces me pareció que mis ataduras se rompían, y que no tenía nada más que temer, porque pensé que si la vida religiosa era un purgatorio[21], me purificaría con mayor felicidad permaneciendo ahí durante el resto de mi vida, en lugar de ser refundida en el infierno lo que tan seguidamente había merecido por mis graves pecados y resistencia.

Habiendo así decidido por la vida religiosa, el Divino Esposo de mi alma, temiendo que me le escapara otra vez, me preguntó que si, considerando mi debilidad, aceptaría que tomara posesión y Se hiciera el amo de mi libertad. Yo acepté de buen grado, y desde ese momento en adelante tomó tan firme posesión de mi libertad que nunca mas gusté del uso de ella. Desde ese momento penetró tan firme y profundamente en mi corazón que renové mi voto, el cual ahora empecé a entender. Le dije que, aunque hubiera de costarme mil vidas, nunca sería algo que no fuera ser una religiosa; declaré esto

---

[21]   Estas palabras que se omiten en la Autobiografía, sin duda corresponden con las ideas de la Sierva de Dios.

abiertamente, pidiendo que todos los pretendientes fueran despedidos, sin importar con que tan ventajosa luz fueran presentados a mi. Viéndome tan resuelta, mi madre dejó de derramar lágrimas en mi presencia, aunque no le fallaba mencionarlo cuando hablaba del tema con los demás; quienes no fallaban en decirme después, que como no había nadie que la atendiera, yo sería la causa de su muerte si la dejaba, y que de esto iba a dar cuenta ante Dios, diciendo además que también pudiera ser religiosa después de su muerte que antes de esto. Uno de mis hermanos[22], que tenía un afecto especial por mi, hizo todo lo posible por que desistiera de mi propósito, ofreciendo asistirme con sus propios medios para que yo obtuviera una mejor posición en el mundo. Pero mi corazón se había vuelto tan insensible como una piedra a esto, aunque aún habría de permanecer tres años más en el mundo.

Fui entonces enviada con uno de mis tíos[23] cuya hija era religiosa, y quien, sabiendo que yo también deseaba ser una, hizo todo lo posible para inducirme a que me uniera a ella; pero no sintiéndome atraída a las Ursulinas, dije: "Si fuera a unirme a tu convento, sería únicamente por afecto a ti, mientras que deseo ir a alguno donde no tenga ni amigos ni conocidos, de tal manera que sea religiosa únicamente por amor a Dios." Sin embargo, como no tenía conocimiento de ninguna otra orden religiosa, no sabía a donde ir, y empecé a temer que iba a dejarme convencer a sus insistencias, sobre todo porque amaba a esta prima con gran afecto. Ella, por su parte, hizo uso de la autoridad que, como mi guardián mi tío tenía sobre mi, y a quien yo no osaba resistir. Me amaba como una de sus propias hijas, y era por esta razón que deseaba tenerme junto a él, y no permitía que mi hermano me llevara a casa, diciendo que deseaba conquistarme. Mi hermano, quien nunca había consentido a mi deseo de volverme religiosa,

---

[22]   Crisóstomo Alacoque.
[23]   Este era Filiberto Lamyn, hermano de la señora Alacoque.

estaba muy disgustado conmigo, imaginándose que deseaba entrar con las Ursulinas a pesar de él y sin consentimiento de mi familia. Pero estaba lejos de lo que yo pensaba, ya que cuanto más era presionada a que entrara, tanto más era mi aversión a esto, y una voz secreta me decía: "No es ahí donde te tendré, sino en "Las Santas Marías".

Sin embargo, no se me permitió visitarlas, aún cuando tenía varías relaciones ahí, y se me decían cosas acerca de ellas capaces de desanimar hasta las mente mas resuelta. Pero mientras más me trataban de disuadir de unirme a ellas, tanto más me gustaban y sentía aún mas el deseo de unirme a ellas debido al dulce nombre de "Santa María," lo que me hacía sentir que sería entre ellas lo que estaba buscando.

En una ocasión cuando estaba viendo una pintura del gran San Francisco de Sales, me parecía que me llamaba "su hija" y me cubría con una mirada de tan tierno afecto paternal que no lo consideraba de otra manera que no fuera "mi dulce padre." Pero no me atrevía a mencionar esto, y no sabía como apartarme de ella y su comunidad, quienes me daban tales pruebas de afecto que no podía ya soportarlas mas.

Estando listas para abrir las puertas de su convento para mí, recibí noticia de que mi hermano estaba muy enfermo y mi madre a las puertas de la muerte. Consecuentemente me vi obligada a irme a casa inmediatamente sin que pudieran prevenirlo, aunque en ese tiempo yo misma estaba enferma, más a consecuencia de ser forzada a entrar en un convento en el que no me sentía llamada por Dios, que de cualquier otra cosa. Viajé toda la noche, la distancia de 10 millas. De esta manera fui liberada, pero únicamente para tomar nuevamente un pesada cruz, que no especificaré, habiendo ya escrito suficiente sobre el tema. Es suficiente decir que mis sufrimientos anteriores fueron redoblados. Se me dijo que mi madre no podía vivir sin mí, ya que el que me hubiera ido, aún por tan corto tiempo, había sido la causa de su enfermedad, y que había de dar cuenta ante Dios de su muerte. Esto, habiendo sido dicho por eclesiásticos, junto con el afecto tan grande que tenía por mi madre, me afligió profundamente, y el demonio se aprovechó para hacerme creer que sería la causa de mi eterna condena.

Por otro lado, mi Divino Maestro me urgió tan poderosamente a que dejara todo y a seguirlo, que ya no tuve descanso. También me inspiro con tan ardiente deseo a conformarme a Él en su vida de sufrimiento, que lo que estaba sufriendo me parecía nada. Esto hizo que redoblara mis penitencias, y, postrándome a veces al pie de del crucifijo, decía: "¡Oh que tan feliz sería, oh mi querido Salvador, si tu quisieras imprimir en mí tus sufrimientos!" A lo que me contestaba: *"Esto es lo que intento hacer, siempre y cuando tu no me resistas, y contribuyas a esto."*

Para darle unas gotas de mi sangre, me apreté los dedos de la mano firmemente y me pinche con agujas; y, durante la Cuaresma, tomé la flagelación todos los días tanto como podía, en honor de los latigazos que recibió durante la suya, pero no importaba que tan largo lo llevara a cabo, apenas le podía ofrecer algo de sangre a mi buen Maestro en retorno a la que Él había sangrado por amor a mí. Ya que era en lo hombros que me flagelaba, requería mucho tiempo. Pero durante los tres día de carnaval, deseaba hacerme pedazos en reparación de las atrocidades perpetradas contra su Divina majestad por los pecadores; ayunaba tanto como fuera posible a agua y pan, y la comida que se me daba se la daba a los pobres.

Mi mayor alegría al dejar el mundo era la idea de que podría recibir frecuentemente la Santa Comunión, lo que hasta entonces no se me había permitido. Hubiera pensado que era la persona más feliz en la tierra si se me hubiera permitido hacerlo a menudo, y pasar las noches sola ante el Santísimo Sacramento. Aunque era extremadamente tímida por naturaleza, me sentía muy segura y olvidaba mis temores, tan pronto como estaba en el lugar de mis delicias. En las vísperas de tomar la Comunión, debido a la grandeza de la acción que iba a llevar a cabo, me encontraba envuelta en tan profundo silencio, que no podía hablar sin hacer un gran esfuerzo; y después no deseaba ni comer ni beber, ni ver, ni hablar, tan grande eran la grandeza, el consuelo y la paz que sentía. Por lo tanto me escondía para poder aprender a amar a mi Soberano Señor, quien fuertemente me urgía a que le retornara amor por amor. Pero pensaba que nunca podría amarle lo suficiente no importa lo que hiciera, a menos que aprendiera como meditar. Únicamente sabía lo que mi Señor me había enseñado acerca de orar, esto es: a abandonarme a mi misma a toda su Santa inspiración, siempre que pudiera encerrarme en algún pequeño rincón a solas con Él. Pero no se me permitía suficiente tiempo libre porque era obligada a trabajar todos los días con los sirvientes, y cuando llegaba la noche, parecía que no había hecho lo suficiente para satisfacer a aquellos con quienes vivía. Arremetían con tan fuertes gritos contra mí que no tenía el coraje para comer, y me retiraba para tener unos cuantos momentos de esa paz que tanto deseaba.

Me quejaba incesantemente con mi Divino Maestro de que temía no complacerlo con todo y en todo lo que hacía (habiendo tanta autocomplacencia y tanto hacer mi propia voluntad en mis mortificaciones, mientras lo que verdaderamente valoraba era aquello hecho en obediencia), y le decía: "¡Ay de mí Señor, dame alguien que me lleve a Ti!" *"¿No soy suficiente para ti? Me respondía;" "¿A que le temes?" "¿Puede una criatura amada tanto como te amo Yo a ti perecer en los brazos de un Padre que es Omnipotente?"*

No sabía quien me "llevaría" pero sentía un ardiente deseo de obedecer, y en su gran Bondad, mi Divino Maestro permitió que en la ocasión de un Jubileo, un Padre Franciscano viniera a nuestra casa, y se quedara por la noche y tuviéramos la ocasión de que hiciéramos nuestra Confesión General. Yo había escrito la mía quince días antes, ya que aunque yo tenía el hábito de hacer una Confesión

General siempre que tenía la oportunidad, me parecía a mi que no podía hacerlo lo suficientemente a menudo debido a mis grandes pecados. Sentía tan viva pena por ellos que no solamente derramé abundantes lágrimas, sino que en exceso de mi profunda pena, los hubiera voluntariamente, y con todo mi corazón, publicado a todo el mundo. Mi mayor angustia venía del hecho de que estaba tan ciega que no los podía reconocer, ni expresarme a mi misma en tal manera que se pudiera mostrar su tan completa enormidad. Consecuentemente, ponía por escrito todo lo que pudiera encontrar en libros que trataban sobre la confesión, algunas veces incluyendo pecados, cuya mera mención me llenaba de horror. Pero me decía: "Pudiera ser que cometí estos pecados sin darme cuenta o que los hubiera olvidado, y era natural que tuviera la confusión de acusarme de ellos desde entonces para poder satisfacer la Divina Justicia." Es verdad que, si me hubiera sentido culpable de las cosas que me acusaba, hubiera estado inconsolable; y el mero pensar en estas confesiones hubiera sido causa de una pena profunda, si mi Divino Maestro no me hubiera asegurado que perdonaba todo a una voluntad libre de malicia. Cuando hice mi confesión a ese buen Padre, me hizo pasar por una gran cantidad de hojas de papel sin permitirme releerlas, aunque le suplique que me permitiera satisfacer mi conciencia, siendo una pecadora más grande de lo que él pensó que yo era.

Tuve una gran paz después de esta confesión. También le platiqué a este buen Padre algo del estilo de vida que llevaba, acerca de lo cual me dio una gran cantidad de buenos consejos. Sin embargo no me aventuré a decir todo, temiendo que pudiera ser por vanidad, de lo cual tenía mucho miedo, y a lo que tenía una tendencia natural. Me parecía que todo lo que hacía era por vanidad, porque no podía discernir entre sentir y consentir. Como consecuencia sufría mucho ya que tenía miedo de que el pecado me separara de Dios. El buen Padre me prometio algunos instrumentos de penitencia. Le dije que mi hermano me había mantenido en el mundo por cuatro o cinco años, tiempo durante el cual yo había estado pensando en volverme religiosa. Desde entonces protestó tanto con mi hermano, que tiempo después este me preguntó si aún tenía la intención de entrar en la religión, y cuando le replique que preferiría morir que cambiar, me prometió que me satisfaría acerca de esto.

Fue, por lo tanto, a hacer arreglos de mi dote con mi primo, quien continuaba hostigándome, y mi madre y mis relaciones también quisieron que yo entrara al convento de las Ursulinas. No sabía como evitarlo, pero mientras mi hermano se había ido, había recurrido a la Santísima Virgen, mi buena Señora, a través de la intercesión de San Jacinto a quien le oraba, e hice que se llevaran a cabo varias misas en honor de nuestra Santísima Madre, quien, para consolarme, dijo amorosamente: "No tengas miedo, tú serás hija mía verdadera, y yo seré siempre tú buena Madre." Estas palabras me calmaron tanto que no tuve duda que se llevarían a cabo a pesar de tanta oposición. A su retorno mi hermano dijo: "Piden cuatro mil libras,[24] queda que tú hagas con tu dinero lo que quieras, ya que no se ha decidido nada todavía." Repliqué en forma decisiva: "No será nunca nada decidido ya que deseo ir a las 'Santas Llagas,' en un convento distante donde no tenga relaciones ni amigos, porque deseo ser una religiosa por el amor a Dios únicamente. Al dejar el mundo, lo haré completa y enteramente y me esconderé en algún pequeño rincón para olvidarlo, ser olvidada por él, y ya no verlo más.

Se propusieron varios conventos, pero no pude decidir a cual ir: No obstante, tan pronto como mencionaron Paray, mi corazón se llenó de júbilo y consentí de inmediato. Sin embargo, habría de pasar por una dura prueba, ya que se me pidió que visitara a las monjas con las que había estado

---

[24] Una vieja moneda francesa cuyo valor difería en varias parte del país. Fue después reemplazada por el franco.

cuando tenía ocho años. Me llevaron dentro del convento, me llamaron su hija y me preguntaron porque quería dejarlas, adicionando que verdaderamente me querían mucho, y no podían ver que entrara a la "Santas Marías," porque estaban convencidas de que no perseveraría. Les dije que trataría y me hicieron prometer que regresara cuando las dejara ya que estaban seguras de que nunca sería capaz de adaptarme. A pesar de todo lo que se dijo, mi corazón se mantuvo insensible a esos comentarios, seguro más que nunca en su resolución, siempre repitiendo: "Conquista o muere."

Pero, pasaré a todos los otros conflictos por los que habría de padecer, para poder llegar al lugar de alegría, "mi querido Paray," donde, tan pronto entre en la sala de espera, oí en mi interior estas palabras: *"Es aquí donde te tendré a ti para vivir."*[25] Volviendo a mi hermano, le dije que tenía que arreglar todo enseguida, porque yo no habría de ir a ningún otro lugar. Esto lo sorprendió sobretodo porque me había llevado ahí únicamente para visitar a las monjas de "Santa María," sin dejarles saber yo que quería ser una de ellas, ya que le había prometido que sería solamente una visita. Aún así, no regresaría a casa hasta que todo se hubiera arreglado. Desde entonces me pareció que había encontrado una nueva vida, grande era la paz y alegría que sentía. Me veía tan alegre que los que no sabían que era lo que estaba pasando dijeron: "¡Mírenla, no parece una religiosa!" Y de verdad, usaba tantas baratijas como nunca lo había hecho antes, y tomaba parte mas frecuentemente de diversiones, debido a la gran alegría que sentía al verme completa y totalmente perteneciendo a mi Soberano Dios. Mientras escribo esto, mi buen Maestro me hace el siguiente reproche: *"Ve, hija Mía, si puedes encontrar un padre cuyo amor por su único hijo lo ha llevado a cuidarlo tanto o a mostrarle tan delicadas pruebas de su*

---

[25]   La primera visita de Margarita a la sala de espera de la Visitación en Paray fue en Mayo 25, 1671.

amor, como las que te he dado y continuaré dando; ya que desde tu más tierna edad te he aguantado tiernamente, y te he entrenado y formado semejante a Mi propia manera, esperándote pacientemente sin descorazonarme en medio de toda tu resistencia. Recuerda, por lo tanto, si acaso te vuelves desconsiderada con la gratitud que me debes y no refieres toda tu gloria a Mí, será el medio de hacer que esta fuente inacabable de todo lo bueno se acabe para ti."

Al fin, el largamente deseado día en que habría de decir adiós al mundo alboreó para mi. Nunca antes había sentido tal alegría y firmeza de propósito, ya que mi corazón parecía ser insensible a todas las muestras de afecto y pena que se me dieron, especialmente las de mi madre, y no derramé ni una sola lágrima al dejarla. Me parecía que era una esclava que se liberaba de su prisión y de sus cadenas y que iba a entrar en la casa de su Esposo para gozar, sin reserva, de su presencia, su riqueza, y su amor. Esto es lo que dijo a mi corazón que estaba rebosante de gozo, y no podía encontrar otra razón a mi vocación a "Santa María," que el querer ser una hija de la Santísima Virgen. Sin embargo, debo admitir que cuando el momento de mi entrada llegó, que fue un sábado, todos mis sufrimientos regresaron, que combinados con otros me asaltaron tan violentamente que parecía, al cruzar el umbral del convento, como si mi alma fuera a ser separada de mi cuerpo. Inmediatamente después, sin embargo, entendí que Nuestro Señor había cortado el hábito de mi cautividad y me estaba vistiendo con su capa de alegría.[26] En un trance de alegría, exclamé: "¡Es aquí que Dios quiere que esté!" y sentí grabada en mi mente la persuasión de que esta casa de Dios era un lugar santo, que todos los que ahí vivían debían ser santos, y que el nombre de 'Santa María' significaba que debería convertirme en una santa a toda costa,

---

[26] "Conscidisti saccum meum et circumdedisti me laetitia." Ps. 29:12.

abandonándome y sacrificándome a mi misma sin reserva o restricción. Lo que endulzaba estas cosas que parecían de lo mas difícil para mí en esos principios, era que todas las mañanas, durante unos días, era despertada por estas palabras, que claramente oí aunque sin entenderlas: *Dilexisti justitiam,* y lo demás del verso; y otras veces: *Audia filia et vide,* etc.; y otra vez: *"Haz conocido tu sendero y tu camino, o mi Jerusalén, casa de Israel Yo no otro que tu Señor te guiaré en todos tus caminos y nunca te abandonaré."* Todo esto le dije a mi buena Maestra,[27] sin entenderlo, ya que yo la admiraba y respetaba junto a mi Superiora[28] como a Nuestro Señor Jesucristo en la Tierra. Como nunca había sabido lo que era ser guiado y dirigido, era feliz de estar en un estado de dependencia, de tal manera que tuviera que obedecer, y consideraba todo lo que se me decía como oráculos, sintiendo que no tenía nada que temer cuando actuaba bajo obediencia.

Al preguntar a mi maestra como orar mentalmente, lo que deseaba hacer ardientemente, apenas pudo creer que, habiendo entrado en religión a la edad de veintitrés años, no supiera como hacerlo. Al asegurarle de mi ignorancia, dijo: "Vé y ponte en presencia de Dios como una pintura en blanco frente a un pintor." Al no entender lo que quería decir, me hubiera gustado que me lo explicara, pero no me atreví a preguntar; sin embargo una voz interior me dijo: *"Ven y te enseñaré."* tan pronto como empece a orar, mi Soberano Maestro me hizo entender que el cuadro en blanco era mi *alma* donde Él quería pintar todos los rasgos de Su vida de sufrimientos, que se había llevado a cabo totalmente en amor, silencio, privación y soledad, y finalmente se había consumado en sacrificio. Estos rasgos se imprimirían en mi alma, después de haberla purificado de todas las manchas que

---

[27]   Hermana Anne-Francoise Thouvant, maestra de novicias.
[28]   Madre Margarite-Hyéronyme Hersant, Hermana profesa del primer Monasterio de Paris. Gobernó el de Paray de 1666-1673

todavía la ensuciaban, tales como el amor propio y los afectos a las cosas mundanas y a las criaturas, a quienes mi alma conformista era atraída. En ese momento me privó de todo, y después de haber vaciado mi corazón y desnudado mi alma, imprimió desde entonces tan ardiente deseo de amarlo y de sufrir que ya no tenía descanso. Me perseguía tan de cerca que ya no tenía tiempo libre excepto para amarlo más crucificándome. Su bondad hacia mí nunca había sido tan grande y desde entonces no fallaba en proveerme los medios para llevar a cabo dicha crucifixión.

Aunque no escondía nada de mi Maestra, me hice el propósito de extender sus permisos de hacer penitencia, y de hacer esta más allá de sus intenciones. Cuando en el acto de hacer esto, nuestra Santa Fundadora se interpuso y me dio tan severa reprimenda que desde entonces no tuve el coraje de hacerlo de nuevo. Sus palabras permanecieron hondamente gravadas en mi corazón: "¿Que es esto hija mía, así piensas agradar a Dios sobrepasando los límites de la obediencia, que es el fundamento y base principal de esta Congregación, y *no* las austeridades?"

Así pasé mí período de prueba animada con un ardiente deseo de pertenecer totalmente a Dios, quien en su misericordia me urgió siempre en esto para que pudiera obtener tal dicha. Cuando finalmente recibí nuestro Santo Hábito, mi Divino Maestro me dio a entender que era ahora el tiempo de nuestros esponsales por medio de los cuales Él adquirió un nuevo derecho sobre mí, y que ahora estaba doblemente obligada a amarlo con un amor de preferencia. Me dio a entender aún más, de la manera del más apasionado de los amantes, que Él habría, durante este tiempo, permitirme probar todo lo que era lo más dulce y delicioso en las muestras de su amor, que eran en verdad tan excesivas, que seguido me asombraba tanto que era incapaz de actuar. Esto fue motivo de tal confusión para mi que no me atrevía a mostrarme, por lo que fui regañada y se me dijo que ese no era el espíritu de las hijas de Santa María quienes no admitían nada extraordinario y que, a menos que renunciara a todo esto, no podría ser recibida.

Esto me angustiaba grandemente, e hice todo esfuerzo y no evité ningún dolor para salir de este estado, pero todos mis esfuerzos fueron en vano. Mi buena Maestra contribuyó con su parte, pero sin entenderlo yo. No importa lo que hiciera, me fue imposible seguir el método de oración presentado a mi y fui siempre obligada a regresar al de mi Divino Maestro, aunque hice todo esfuerzo de olvidar todo y alejarme de Él. Viendo esto, y sabiendo el hambre que tenía de hacer oración mental y como deseaba aprender a hacerlo, se me dio como ayuda a una Hermana quien me hizo trabajar durante el tiempo de meditación, y cuando pedí permiso a mi Maestra de hacerlo a otra hora, me reprendió severamente, diciendo que podía hacer mi oración mientras trabajaba durante los ejercicios de las novicias. Hice esto, y el dulce gozo y consuelo que experimentó mi alma no fue disminuido sino al contrario fue aumentado aun más. Se me ordenó oír los puntos de meditación en la mañana, después de lo cual me debía retirar del coro y emplear mi tiempo en barrer hasta al *Hora Prima*[29]. Entonces se me pedía que informara acerca de mis oraciones, o más bien, de lo que mi Soberano Maestro hacía en mi y para mi. En todo esto no tenía otro objetivo que el de obedecer; al hacer esto sentía un placer extremo sin reparar en los dolores físicos que pudiera padecer. En tales ocasiones, me daban ganas de cantar:

> Entre más mi amor contradigan,
> Mas hacia Él flamas de amor se extienden;

---

[29]   N. del T. La Hora Prima era la parte del Oficio Divino que se decía antiguamente a la hora de la primera luz del día. Fue abolida durante el concilio Vaticano II.

Aunque día y noche me aflijan,
Mi alma de Él nunca podrán arrancar.
Aunque el sufrir sea mi parte,
Él me atraerá aún más cerca a su corazón.

Aunque mi naturaleza sensible sufría vivamente todas las humillaciones y mortificaciones, tenía un insaciable deseo de ellas, siendo constantemente urgida por mi Divino Maestro a pedirlas. Esto me procuró algunas buenas, ya que, aunque se me negaron las que pedía, al no ser merecedora de ellas o capaz de llevarlas a cabo, otras que poco esperaba, se me imponían, y eran tan opuestas a mis inclinaciones naturales que en la violencia de los esfuerzos que tenía que hacer, era obligada a decirle a mi Buen Maestro: "¡Oh mi Dios, ven en mi ayuda, ya que eres la causa de ellos!" Esto hacía, diciendo: *"Reconoce que no puedes hacer nada sin Mi, Quien no te dejará nunca sin ayuda, siempre y cuando mantengas tu debilidad y tu nulidad perdida en Mi fuerza."*

Mencionaré únicamente una de estas ocasiones de mortificación que me parecieron más allá de mis fuerzas, y en las cuales me permitió verdaderamente sentir el efecto de Su promesa. Era concerniente a algo a lo que nuestra familia entera tenía tan gran aversión que, cuando se estaban haciendo los arreglos para mi recepción, mi hermano pidió que nunca se me debería pedir. Como el caso era indiferente por sí mismo, se concedió fácilmente. Fue en este punto en que se me pidió que me venciera a mi misma; todo mundo me molestaba tanto acerca de esto, que no sabía que decidir, tan era así, que me parecía más fácil sacrificar mi propia vida; y si no hubiera amado más a mi vocación que a mi vida, hubiera estado preparada para renunciar antes que decidirme a hacer lo que se me pedía. Pero era inútil resistir, ya que mi Soberano Maestro me pidió este sacrificio, de lo cual tantos otros dependían. Por tres días luché tan violentamente que desperté la compasión de todos, especialmente de mi Maestra; hice lo mas posible para hacer lo que me dijo, pero entonces mi coraje me falló, y por poco muero de dolor al no poder vencer mi aversión natural. "¡Oh!" dije, "¡Llévate mi vida antes de dejarme fallar en la obediencia!" Con lo cual ella me despidió con estas palabras: "Veo que no eres merecedora de Practicar la obediencia; Desde ahora te prohibo hacer lo que te había ordenado." Eso fue suficiente para mi. "¡Morir o conquistar!" dije, y yendo ante el Sagrado Sacramento, mi lugar de refugio, permanecí bajo Su promesa. Siendo esto a lo cual mi familia entera tenía aversión, pasé tres o cuatro horas implorando con lágrimas y quejidos para que yo tuviera la fuerza para sobreponerme a ello. "¡Oh! mi Dios, ¿Me has abandonado? ¿Debe haber aún reservas en mi sacrificio en lugar de ser totalmente consumida como perfecto holocausto?" Pero mi Señor, deseando probar al máximo la fidelidad de mi amor hacia Él, como después me mostró, sentía placer al ver el conflicto que se llevaba a cabo en Su indigna esclava, entre mi amor a su Amor Divino y mi aversión natural. Al final, sin embargo, fue victorioso, porque sin otra consolación o armas que estas palabras: *"No debe haber reservas en tu amor,"* fui donde mi Maestra, y arrodillándome ante ella, le rogué que me permitiera hacer lo que me había pedido. Al final hice lo que se me había pedido, aunque nunca en mi vida sentí tan gran aversión al hacer algo, y lo mismo se renovaba cada vez que tenía que repetir el acto durante los siguientes cerca de ocho años.

Después de este sacrificio, mi Soberano Señor redobló sus gracias y favores que inundaron mi alma a tal extremo que era frecuentemente forzada a gritar: "¡Oh mi Dios, mantén este torrente que me extasía o aumenta mi capacidad de recibirlo!" Pero omitiré mencionar aquí todas esas efusiones de amor puro, que eran tan grandes que no podré expresarlos.

Esto dio curso a nuevas pruebas conforme el tiempo de mi profesión se acercaba. Se me dijo que era evidente que no sería capaz de adquirir el espíritu de la Visitación, que temían que esos caminos estuvieran abiertos a los engaños e ilusión. Le presente esto a mi Soberano, a quien le dije quejándome: "¡Oh! mi Señor, ¿serás tu la causa de que sea despedida?" A lo cual replicó: *"Dí a tu superiora[30] que no necesita temer el recibirte, que yo respondo por ti y que, si confía en Mi, yo seré tu fiador."* Al decirle esto a mi Superiora, esta me ordenó que pidiera como prueba de seguridad, que me haría útil a la santa religión por la exacta observancia de todo lo que estaba prescrito. A esto Su amante Bondad replicó: *"Está bien hija mía, te daré todo esto, ya que te haré más útil de lo que ella piensa, pero de una manera, en el presente, únicamente conocida por Mi. Desde ahora ajustaré Mis gracias al espíritu de su regla, al deseo de tus Superiores y a tu debilidad; de tal manera que deberás ver con suspicacia cualquier cosa que se aparte de la estricta observancia de tu regla, ya que es Mi voluntad que la prefieras por sobre todo lo demás. Aún mas, me satisface que prefieras la voluntad de tus Superioras a la Mia, aún cuando te prohiban hacer algo que yo te haya mandado. Súfrelas para hacer como a ellas les plazca contigo; Yo sabré encontrar los medios para que se lleven a cabo Mis designios, aunque pudieran parecer opuestos y contrarios a ellas. Me reservo únicamente la guía de tu interior, y especialmente de tu corazón, porque, habiendo establecido ahí el imperio de Mi amor puro, nunca se lo daré a otros."* Mi Madre y mi Maestra se sintieron satisfechas con esta promesa, los efectos de la cual fueron tan manifiestos que no pudieron dudar más que eran las palabras del la (Eterna) Verdad, ya que no tenía desasosiego interior, y mi único deseo era obedecer, a pesar de todo lo que tenía que sufrir al hacer esto. Estima y alabanza eran para mi un martirio intolerable, y los veía como justo castigo por mis pecados que aparecían a mi tan grandes, que, en expiación de

---

[30] Madre Marie-Francoise de Sumaise, Hermana profesa del Monasterio de Dijon, electa Superiora del de Paray en Ascensión de 1672.

ellos como medio de satisfacer a la Divina Justicia, todos los tormentos imaginables eran para mi dulces.

Habiendo por fin obtenido la largamente deseada felicidad de hacer la santa Profesión, fue en ese día que Mi Divino Maestro quiso recibirme como de Él pero en una manera que me es imposible describir. Únicamente diré que me adornó y me trató como esposa del Tabor. Esto para mi fue más duro que la muerte, viendo en mí ninguna semblanza a mi Esposo, a quien contemplaba todo desgarrado y desfigurado en el Calvario. Pero me dijo: *"Déjame hacer todo a su tiempo; porque haré de ti el lucimiento de mi Amor, tratándote como como su deleite, como los niños jugando en su infancia; por eso debes abandonarte a Mí ciegamente y sin resistencia, permitiéndome complacerme a tus expensas; no perderás nada como resultado de esto."* Prometió nunca más dejarme, diciendo: *"Te pido que estés siempre lista y dispuesta a recibirme, porque en adelante, te haré Mí lugar de residencia de tal manera que pueda tener conversaciones familiares contigo."*

Algunas veces se dignó conversar conmigo como buen amigo, otras veces apasionadamente como esposo enamorado, otras veces como padre que ama profundamente a su único hijo, y otras veces bajo otros títulos. Me abstendré de los efectos que esto produjo en mí y únicamente mencionaré dos *santidades* en Él, una de *amor* y otra de *justicia*, ambas rigurosas en su grado, lo que me pesaba y de lo que continuamente se me hacía hincapié. La primera, me hacía sufrir un muy doloroso tipo de purgatorio, para poder aliviar a las santas almas ahí detenidas, a quienes, de acuerdo a Su buena voluntad, se les permitía dirigirse a mí. Y en cuanto a su santidad de justicia, que es tan terrible para los pecadores, me hacía sentir el peso de su justo rigor haciéndome sufrir por los pecadores, y *"especialmente,"* dijo, *"por almas consagradas a Mí, por las cuales en el futuro te haré ver y sentir lo que has de sufrir por amor a Mí."*

Pero, Oh mi Dios, Tú que conoces mi ignorancia e inhabilidad para expresar todo lo que desde entonces ha tenido lugar entre tu soberana Majestad y tu pobre indigna esclava por los siempre operantes efectos de tu amor y tu gracia, dame los medios de ser capaz de decir algo de lo que es más comprensible y tangible y que pueda mostrar a que exceso de tu liberalidad tu amor te ha inclinado a tan miserable e indigno objeto.

Como no ocultaba nada de mi Superiora y de mi Maestra, aunque seguido me pasaba que no entendía nada de lo que les decía, imprimieron en mí que vías extraordinarias no eran apropiadas para las hijas de Santa María. Fui afligida profundamente por esto e hice todos los esfuerzos de alejarme de ello, lo cual fue en vano, ya que el Espíritu había ya ganado tal poder sobre mi, que no solo mi mente sino todos mis poderes interiores fueron totalmente absorbidos en Él, y ya no era mas dueña de ellos. Hice lo más posible para seguir el método de oración y otras prácticas que me fueron enseñadas, pero no era capaz de retener nada. Era en vano que leyera puntos de meditación, ya que desaparecían de mi mente, y no podía aprender ni retener nada excepto lo que mi Divino Maestro me enseñaba. Esto fue causa de no poco sufrimiento para mí, porque ellos (i.e., sus superiores) hicieron lo posible para destruir Su acción en mí, y se me ordenó hacer lo mismo. Llevé a cabo todos lo esfuerzos para resistirlo, y seguí minuciosamente todo lo que la obediencia demandaba de mí, sin embargo, todos mis esfuerzos fueron inútiles. Entonces volqué todo mi corazón hacia Él, diciendo "¿Por que, oh mi Soberano Maestro, por que no dejarme ir en la forma ordinaria de las hijas de Santa María? ¿Me has acaso traído aquí para perderme? Te suplico, da estas gracias extraordinarias a almas escogidas como corresponda mejor para glorificarte más de lo que hago yo, ya que lo único que hago es resistirme a Tí. Todo lo que pido es Tú amor y Tú Cruz, eso es suficiente para que yo me vuelva una buena religiosa, que es todo lo que deseo. *"Dejemos"* replicó *"continuar el conflicto, hija Mía, con lo que estoy bastante contento; veremos quien será victorioso, El Creador o Su criatura; fortaleza o debilidad, El Todo Poderoso o la impotencia; pero quienquiera que sea victorioso lo será para siempre."* Esto me llenó de confusión, con lo cual dijo: *"Ten la seguridad que no estoy por ningún motivo ofendido por todas estas luchas y por la oposición que me presentas por la virtud de la obediencia, por la que di Mi vida; pero te voy a enseñar que soy el Amo absoluto de Mis gracias y también de mis criaturas, y nada va a evitar que lleve a cabo Mis designios. Por lo tanto, no solo deseo que hagas lo que te pidan tus superiores sino también que no hagas nada de lo que yo te ordene sin su consentimiento. Amo a la obediencia, y sin ella nadie puede complacerme."* Esto fue tan agradable a mi Superiora que me dijo que me abandonara a su guía; lo que hice, y mi alma, que había hasta entonces sufrido una cruel agonía, estaba ahora llena de paz y alegría.

Después de la Santa Comunión, El Señor me pidió que renovara el sacrificio de mi libertad y de todo mi ser que ya le había ofrecido, lo que hice de todo corazón. "¡A condición, oh mi Soberano Maestro" dije, "que no dejes nunca aparecer algo en mí que parezca extraordinario sino lo que me cause humillación y desprecio ante las criaturas y me haga bajar en su estima. Porque, oh mi Dios, siento temor que mi debilidad podría traicionarte, y que tus gracias no estarían seguras conmigo!" *"No temas hija Mia"* respondió, *"déjalo todo a Mí, porque me constituiré en su guardián y te haré impotente para resistirme."* "¡Entonces, Mi Dios! ¿Me dejarás vivir siempre sin dolor?"

Inmediatamente se me mostró un gran cruz, de la que no podía ver el extremo, pero que estaba cubierta de flores. *"Mira la cama de Mis castas esposas en las que te haré saborear todos las delicias de Mi Amor puro. Poco a poco estas flores se irán cayendo y nada va a quedar sino las espinas, que están escondidas debido a tu debilidad. Sin embargo, sentirás las pinchadas de estas espinas tan agudamente que vas a necesitar toda la fuerza de mi amor para soportar el dolor.*" Estas palabras me deleitaron tanto como si ya no fuera a encontrar tanto sufrimiento, humillaciones o desprecios como para apagar el ardiente deseo que tenía de ellos, y como si nunca más pudiera experimentar mayor sufrimiento que el que sentía al no tener ningún sufrimiento; Mi amor por Él no me daba descanso ni de día ni de noche. Pero me encontraba mortificada por estar gozando de tal dulzura. Lo único que deseaba era la cruz; y para esto deseaba ver mi cuerpo siempre abrumado con austeridad en el trabajo, del que hacía mi parte hasta donde mis fuerzas me lo permitían; porque no podía vivir un momento sin sufrimiento. Entre más sufría, más satisfacía esa santidad de amor que había inflamado tres deseos en mi corazón que me atormentaban sin cesar. El primero era el sufrir, el segundo de amarlo y recibir la santa comunión y el tercero el de morir para ser unida a Él.

Ya no me importaban ni el tiempo y ni el lugar, ya que mi Soberano Señor me acompañaba dondequiera. Me era indiferente el uso que se diera de mí, estando segura que, como Él se había dado a mí sin ningún mérito de mi parte, únicamente por su bondad, no podía ser apartado de mí, y esto me hacía feliz en todo lugar. Experimenté esto cuando en el retiro antes de mi profesión, se me pidió cuidar un burro y su potrillo en el jardín. Esta ocupación me dio no pocos problemas, porque no se me permitió amarrarlos, y se me ordenó mantenerlos dentro del área de una esquina que se me había mostrado por miedo de que dañaran el jardín, pero no dejaron de correr. No descanse hasta el Angelus nocturno cuando fui a cenar; durante parte de las Maitines regresé otra vez al establo para alimentarlos. Sin embargo, estaba tan contenta con este empleo, que no me hubiera molestado que hubiera durado toda la vida. Mi Soberano Maestro me acompañó tan fielmente, que todo este ejercicio exterior no me distrajo. Durante este tiempo recibí gracias tan marcadas como nunca había experimentado antes algo similar, en particular un entendimiento tan profundo de Su Sagrada Pasión y Muerte. Pero este es un abismo tan sin fondo, del que me temo se puede escribir tan largamente que me abstendré de hacerlo. Únicamente diré que me ha dado tan inmenso amor a la cruz que no puedo vivir un momento sin sufrir, pero sufrir en silencio, sin consuelo, alivio o compasión, y en morir delicadamente con el Soberano de mi alma, sobrecogida por la cruz de toda clase de oprobio, de tristeza y de humillación, olvidada y despreciada por todos. Esto ha durado durante toda mi vida, la cual, a través su Piedad, ha sido agotada en está manera que es puro amor, y Él ha tenido cuidado de proveerme abundantemente con estas viandas, tan deliciosas a Su paladar, que Él nunca dice: *"Es suficiente."*

Un día, debido a alguna falta que había cometido, mi Divino Maestro me dio la siguiente lección: *"Aprende,"* dijo, *"que yo soy un Santo Maestro, y Uno que enseña santidad, soy puro y no puedo aguantar la mas mínima mancha. Por lo tanto debes actuar con simplicidad de corazón y con recta y pura intención en Mi presencia. Entiende que no puedo aguantar el menor deseo de franqueza, y te haré entender que, si el exceso de mi amor me ha llevado a constituirme como tu Maestro, para poder enseñarte y formarte de acuerdo a mi manera y mis designios, no aguanto almas tibias y cobardes, y, si soy gentil al aguantar tus debilidades, no seré menos severo y exacto al corregir y castigar tus infidelidades."* El me ha hecho experimentar esto toda mi vida. Por lo que debo decir que no dejaba pasar la menor de las faltas, en la que hubiera la menor de las negligencias voluntarias, sin corregirlas y castigarme por ellas, aunque siempre con su infinita misericordia y bondad. Sin embargo, debo decir que nada era mas doloroso y terrible para mí que el verlo molesto contra mi en lo más mínimo. Todos lo otros sufrimientos, correcciones y mortificaciones eran nada para mi en comparación. Así era que pedía rápidamente la penitencia por mis faltas, ya que a Él le satisfacían sobre todo las que me fueran impuestas por la obediencia. Las faltas que reprobaba más severamente eran el deseo de ser respetada y atraer la atención en presencia del Santísimo Sacramento, especialmente durante el Oficio Divino y bajo Oración Mental; es decir, aparentar rectitud y pureza de intención, y también el mostrar una vana curiosidad.

Aunque sus puros y penetrantes ojos descubren la menor de las faltas contra la caridad y la humildad para corregirlas severamente, nada puede ser comparado con la falta de tener el deseo de ser obedecido ya fuera contra los Superiores o contra las Reglas; ser respondón contra los Superiores, manifestando aversión a obedecer, es insoportable para Él en el alma de un religioso. *"Te engañas a ti misma,"* me dijo, *"pensando en agradarme con acciones y mortificaciones elegidas por tu propia voluntad, con lo cual en lugar de ceder, quieres hacer que tus superiores se doblegen. ¡Oh! Ten la seguridad, que rechazo todo esto como fruto corrompido de una voluntad obstinada y terca que aborrezco en el alma de un religioso. Prefiero que acepte las pequeñas comodidades por obediencia, que agobiarse a si mismo con austeridades y ayunos a través de su propia voluntad."* Cuando se me ocurre hacer mortificaciones y penitencias por voluntad propia sin recibir órdenes de Él o mi Superiora, ni siquiera me permite ofrecérselas. Me reprueba por ellas, imponiéndome una penitencia como hace con mis otras fallas, por cada una de las cuales hay una pena en el purgatorio donde me purifica para hacerme lo menos inmerecedora de Su Divina Presencia, de Sus comunicaciones y operaciones, porque todo lo que se hace en mi se hace por Él. Habiendo tomado una vez esta disciplina por el espacio de un Ave María Stella, como me había sido ordenado, me dijo: *"Esta es Mi parte,"* pero como continuaba, Me dijo: *"Y esa es la del Diablo,*" lo que me hizo ceder de inmediato. En otra ocasión cuando hacía la disciplina por las Benditas Ánimas del purgatorio y quería exceder el permiso que se me había dado, inmediatamente me rodearon quejándose que las estaba golpeando. Esto me hizo desear morir antes de sobrepasar los límites impuestos por la obediencia. Posteriormente me hizo hacer penitencia por mi falta. Pero nada se me hacía difícil para mí, porque, en ese tiempo, mantenía todo el rigor de mis problemas y sufrimientos absorbidos en la dulzura de Su Amor, dulzura que seguido le pedía que me retirara, para que pudiera saborear la amargura de Su angustia y abandono, de Su agonía y oprobio y de sus otros tormentos. Pero me dijo que me debía someter indiferente a todas sus varias intenciones y no establecer la ley por Él. *"Haré que entiendas desde ahora,"* me dijo, *"que soy un sabio y erudito Director, que sabe como conducir almas con seguridad cuando se abandonan a Mí y se olvidan de si mismas."*

Un día, habiendo tenido un poco mas de tiempo libre - ya que las ocupaciones que me eran confiadas me dejaban muy poco - me encontraba orando frente al Santísimo Sacramento, cuando me sentí totalmente penetrada con su Divina Presencia, pero a un grado tal que perdí toda consciencia de mi misma y del lugar donde me encontraba, y me abandoné a su Divino Espíritu, rindiendo mi corazón totalmente al poder de su amor. Él me hizo descansar largamente en su Sagrado pecho, donde me descubrió las maravillas de su amor y los inexplicables secretos de Su Sagrado Corazón, que hasta entonces había mantenido velados para mí. Entonces sucedió que por primera vez, abrió para mi su Sagrado Corazón en una manera tan real y sensible más allá de cualquier duda, como podía ver por los efectos que su favores produjeron en mi, aunque siempre temerosa de engañarme a mi misma cuando digo lo que me ha pasado. Parece ser que esto es lo que pasó en mi: *"Mi Divino Corazón,"* me dijo, *"está tan inflamado con amor por los hombres, y por ti en particular, que siendo incapaz de mantener dentro de si mismo las flamas de su ardiente Caridad, debe propagarlas por medio de ti, y manifestarse a si mismo a ellos (la humanidad) para enriquecerlos con los preciosos tesoros que descubro en ti, y que contienen gracias de santificación y salvación necesarios para retirarlos del abismo de la perdición. Te he escogido a ti como un abismo de indignidad e ignorancia para llevar a cabo este gran proyecto, de tal manera que todo sea hecho por Mí."*

Después de esto me pidió mi corazón, el cual le supliqué que tomara. Lo tomó y lo colocó en su propio Adorable Corazón donde me lo mostró como un átomo pequeño que estaba siendo consumido por su grandísimo horno, y sacándolo como una flama en forma de corazón, me lo restableció en lugar de donde lo había tomado diciéndome: *"Mira, mi bien amada, te doy una muestra preciosa de Mi amor, habiendo encerrado dentro de tu costado una pequeña chispa de sus brillantes flamas, de tal manera que te sirva como corazón y te consuma hasta el último momento de tu vida; su ardor no se acabará nunca, y tú podrás encontrar algún alivio en la sangría[31]. Aún este remedio marcaré de tal manera con Mi Cruz, que te traerá mas humillación y sufrimiento que elevación. Por lo tanto deseo que lo pidas con simplicidad, tanto para que puedas practicar lo que se te ordena,[32] como para que tengas el consuelo de derramar tu sangre en la cruz de las humillaciones. Como prueba de que el gran favor que te he hecho no es imaginario, y de*

---

[31] N. del T. Práctica de "sangría" comúnmente llevada a cabo en los conventos a intervalos mutuamente convenidos en ocasiones convenientes a cada religiosa (del libro de León Cristiani "Santa Margarita María Alacoque").

[32] A las religiosas de la Visitación se les recomienda, a través de sus constituciones, pedir con confianza a sus superioras todo aquello que consideren que puedan necesitar.

que es el fundamento de todos aquellos de los que tengo la intención de conferirte, y aunque he cerrado la herida de tu costado, el dolor permanecerá siempre. Si hasta ahora únicamente has tomado como nombre el de "Mi esclava," ahora te nombro "Amada discípula de Mi Sagrado Corazón."

Después de tal señal de favor que duró por un largo tiempo, durante el cual no sabía si estaba en el Cielo o en la tierra, permanecí durante muchos días, como si estuviera en fuego, ebria de Amor Divino y tan completamente fuera de mi misma, que tuve que esforzarme para decir una sola palabra. El esfuerzo que tuve que hacer para unirme a las actividades recreativas o para comer era tan grande que era todo lo que podía hacer para sobreponerme, lo que era causa de humillación para mi. No podía dormir debido al dolor de la herida, que es tan precioso para mí; produce tal calor dentro de mi que me quema y me consume viva. También sentí tal plenitud de Dios, que no lo podía explicar a mis Superioras como lo hubiera deseado, y sin importar los sufrimientos y confusión que me pudiera haber traído el hablar de estos favores. Hubiera preferido acusarme de mis pecados ante todo el mundo antes que hablar de esta gracias considerando mi extrema indignidad. Hubiera sido un gran consuelo para mi si se me hubiera permitido leer en voz alta mi confesión general en el refectorio, para que se conociera la corrupción tan profunda que había en mi y que ninguno de los favores que había recibido se atribuyera a mí.

En el primer viernes de cada mes, las gracias arriba mencionadas junto con el dolor en mi costado eran renovadas de la siguiente manera: El Sagrado Corazón me era presentado como un sol resplandeciente, cuyos rayos quemantes caían verticalmente sobre mí corazón, que era inflamado con un fuego tan ardiente que parecía que sería reducido a cenizas. Era en estos momentos especialmente que mi Divino Maestro me enseñó lo que requería de mí y me revelaba los secretos de su Amante Corazón. En una ocasión, mientras el Santísimo Sacramento era expuesto, sintiéndome totalmente ensimismada en mí misma por un recogimiento de todos mis sentidos y poderes, Jesucristo, mi dulce Maestro, se presentó con toda su resplandeciente Gloría, Sus Cinco llagas brillando como muchos soles juntos. Salían flamas de cada parte de Su Sagrada Humanidad, especialmente de su adorable seno, que parecía un horno abierto y me mostró su muy amable y muy adorable Corazón, que era la fuente viva de las flamas. Fue entonces que me hizo conocer las maravillas inefables de su purísimo Amor y me mostró a que tal exceso había amado a los hombres, de los que únicamente recibía ingratitud y desprecio. *"Esto lo siento más,"* dijo, *"que todo lo que sufrí durante Mí Pasión. Si tan solo me correspondieran con un poco de su amor por el Amor que les He dado, pensaría que ha sido muy poco lo que he hecho por ellos y desearía, si así fuera posible, sufrir aún más. Pero lo único que recibo de ellos por todo Mí afán para hacerles bien es el rechazo y el tratarme con frialdad. Al menos tú consuélame para compensar su ingratitud, hasta donde te sea posible."* Al presentarle mi impotencia, Me respondió: *"Pon atención, esto te va a llenar de todo lo que deseas."* Y al mismo tiempo su Divino Corazón abierto, despedía una flama tan ardiente que pensé que sería consumida, porque era totalmente penetrada, y no siendo capaz de seguir aguantando, le implore que tuviera piedad de mi debilidad. *"Yo seré tu fortaleza,"* me dijo, *"no tengas miedo, pero pon atención a mi voz y a lo que requeriré de ti para que estés en la disposición que se necesita para que se lleven a cabo mis designios. En primer lugar me recibirás en la Santa Comunión tan seguido como la obediencia te permita y deberás soportar cualquier humillación o mortificación que esto te cause, lo que deberás tomar como compromiso de unión de Mí Amor. Aún más, deberás tomar comunión el primer viernes de cada mes. - Cada noche entre el jueves y viernes te haré compartir la tristeza mortal que yo me complací en sentir en el Huerto de los Olivos, y esta tristeza, sin que la puedas entender, te reducirá en una especie de agonía mas dura de padecer que la misma muerte. Y para que puedas padecer en Mí compañía en la humilde plegaria que le ofrecí al Mí Padre en medio de mi angustia, te deberás levantar entre las once y la media noche y permanecer postrada conmigo por una hora, no solo para aplacar la ira Divina pidiendo misericordia por los pecadores, sino también para mitigar la amargura que sentí en esos momentos al sentirme abandonado por Mis apóstoles, lo que Me obligó a reprocharles el que no fueran capaces de estar en vigilia por una hora conmigo. Durante esa hora harás lo que te enseñe. Pero escucha, hija Mía, no creas todo esto a la ligera y no confíes en todos los espíritus, porque Satán esta furioso y va a tratar de engañarte. Por lo tanto no hagas nada sin la aprobación de esos que te guían; estando así bajo la autoridad de la obediencia, sus esfuerzos contra ti serán en vano, porqué no tiene poder contra el obediente."*

Perdí toda consciencia durante este tiempo y no supe más donde me encontraba. Cuando vinieron por mí, viendo que no podía responder, y no me podía parar sin gran dificultad, me llevaron con Nuestra Madre.[33] Al verme así, como estaba, ardiendo y temblando en mis rodillas ante ella, completamente fuera de mí misma, me mortifico y me humilló hasta el límite de su poder, lo que me complació y me llenó de un gozo increíble, porque me sentí tan gran criminal y tan llena de confusión, que, sin importar que tan rigurosamente hubiera podido haber sido tratada me hubiera parecido de una suavidad extremadamente grande. Después de que le hube dicho, en medio de extrema confusión, lo que había pasado, procedió a humillarme aún más y rehuso

---

[33]   La Madre Superiora Soumais.

permitirme, por el momento, nada de lo que yo creía que El Señor me había pedido y que le había dicho. Sin embargo, el fuego que me consumía me llevó a una ardiente fiebre. Pero sentía un gran placer en el sufrimiento por el que pasaba al no proferir queja alguna, y no dije nada hasta que que fui obligada debido a mi debilidad. El doctor declaró que había estado sufriendo por un largo tiempo de esta fiebre de la que tuve más de sesenta ataques. Nunca experimenté tanto consuelo, porque el dolor extremo que sufrió mi cuerpo de alguna manera aliviaba la sed extrema que tenía por el sufrimiento. Éste fuego devorador podía únicamente ser alimentado con el combustible de la cruz, es decir, con dolor, desprecio y humillaciones de todo tipo; sin embargo nunca experimenté ningún sufrimiento igual al que sentí al no sufrir lo suficiente. Era como si debiera morir derivado de esto.

El Señor continuo favoreciéndome con sus gracias, y una vez, totalmente exhausta, recibí lo que me pareció un gran favor. Las tres Personas de la Adorable Trinidad se presentaron y llenaron mi corazón con un inexpresable consuelo. Pero no puedo explicar lo que sucedió después, excepto que me pareció que el Padre Eterno me entregó una pesada cruz cubierta de espinas y rodeada con varios instrumentos de la Pasión y me dijo: *"Mira, hija Mía, te hago el mismo presente que hice a Mí Amado Hijo."* *"Y Yo,"* dijo Nuestro Señor Jesucristo, *"te uniré a la cruz como Yo Mismo fui unido a ella y te daré mi total compañía."* La tercera adorable persona dijo entonces, que, *"Siendo Él El Amor mismo, me purificaría y me consumiría en adelante."* Mi alma fue llenada por una paz y alegría indecibles, y la impresión hecha en ella por las tres Adorables Personas nunca ha sido borrada. Aparecieron ante mi bajo la forma de tres hombres jóvenes vestidos de blanco radiantes de luz, todos de la misma edad, altura y belleza. No entendí entonces, como lo he ido comprendiendo desde entonces, el alcance del sufrimiento que todo esto significaba.

Habiéndoseme ordenado que le pidiera la salud a Nuestro Señor, lo hice, aunque temerosa de que mi plegaria no fuera escuchada. Pero se me dijo que mi restablecimiento sería considerado como señal de que lo que estaba pasando en mi interior era obra del Espíritu de Dios, en cuyo caso se me permitiría hacer lo que Él me había ordenado, tanto en lo que concernía a la Sagrada Comunión en el viernes primero del mes, como en estar en presencia del Santísimo Sacramento por una hora durante la noche entre jueves y viernes. Habiendo por obediencia presentado todo esto al Señor, me recobré sin falta inmediatamente, ya que, habiéndoseme aparecido La Santísima Virgen María, me llenó de gracias con múltiples caricias, y, habiendo conversado conmigo por un largo tiempo, me dijo: *"Toma valor, hija querida, de la salud que restablezco en ti por voluntad de mi Divino Hijo, porque te falta un largo y doloroso camino, siempre en la cruz, atravesada con clavos y espinas y azotes con espinas. Pero no temas nada, no te abandonare, y te prometo mi protección."* Promesa que desde entonces ha cumplido en toda su extensión y que me hace dar cuenta de la gran necesidad que desde entonces he tenido de ella.

Mi Soberano Señor continuó favoreciéndome con su Presencia real y sensible, gracia, que como dije arriba, prometió que no me retiraría. Y verdaderamente nunca me privó de ella sin importar las faltas en yo incurriera. Pero como Su Santidad no puede aguantar la menor mancha ni la más mínima imperfección voluntaria o por negligencia, me mostraba hasta la más pequeña falta. Y debido a que soy tan imperfecta y miserable tanto como para cometer muchas aunque involuntarias, me es un insoportable tormento aparecer en presencia de su Santidad cuando me he permitido cometer el más pequeño acto de infidelidad. No hay ningún tipo de tortura que no soporte, antes que presentarme con algún tipo de mancha en el alma en presencia de Dios Altísimo; no, prefería mil veces mas lanzarme a un horno ardiente.

En una ocasión cedí a hablar con un poco de vanidad acerca de mí, pero, ¡Oh Dios mío! ¡Cuantas lágrimas y gemidos me causaron esa falta! ya que, tan pronto como estuvimos solos, me llamó para que le rindiera cuentas de la siguiente manera, diciendo con severidad: *"¡Que tienes tú de que te puedas jactar, Oh polvo y cenizas, ya que por ti misma no eres mas que nada y miseria, de lo cual no debes nunca perder de vista, y por lo tanto lo debes recordar enterrada en el abismo de tu nulidad!"* *"Para que la grandeza de mis regalos no te lleve a olvidarte de lo que eres, te voy a mostrar tu retrato."* Ante lo cual me mostró un retrato repugnante, que contenía un resumen de todo mi ser. Me llenó con tal sorpresa y horror de mi misma, que si no me hubiera sostenido, me hubiera desmayado de dolor y no hubiera podido aguantar más lo que estaba viendo, no podía entender como, en el exceso de su bondad y misericordia, me había aguantado tanto tiempo y no me había mandado al infierno. Esta era la tortura con que castigaba la más pequeña desviación de vanagloria en mí, algunas veces me sentía obligada a decirle: "¡Oh mi Dios! déjame morir o quita este retrato de mi vista; no puedo verlo y seguir viviendo." Este producía intensos sentimientos de odio y venganza en mi, y, no pudiendo por obediencia tratarme a mi misma tan rigurosamente como estos sentimientos me urgían, no puedo expresar lo que sufría. Sabiendo, sin embargo, que este Soberano de mi alma estaba satisfecho con todo lo que la obediencia requería de mi, y que tenía un singular placer al verme humillada, yo era fiel a acusarme a mi misma de mis faltas de las que esperaba recibir penitencia. No importaba que tan severas debían ser, era, por decir algo, un agradable refrigerio comparado con lo que Él, que descubría defectos en lo que parecía ser lo más puro y perfecto, me las imponía por Sí mismo. Esto me dio a entender en la Fiesta de Todos Los Santos, cuando claramente le oí decir las siguientes palabras:

Nada está manchado en inocencia,
Nada está perdido en el poder;
Nada pasa en esta bendita residencia,
Ahí todo es hecho en perfecto amor.

La explicación de estas palabras me sirvieron como meditación un largo tiempo. "Nada está manchado en inocencia" - es decir, no debía permitir que ninguna mancha permaneciera en mi alma o en mi corazón. "Nada está perdido en el poder" - por esto entendí que debía dar todo y abandonar todo por Él, que es el Poder mismo, y que uno no pierde nada dándole todo. Las otras dos lineas se referirían al Paraíso donde nada se va, ya que todo permanece y es consumado en amor. Una pequeña muestra de esa gloria fue revelada a mi, y, ¡Oh Dios! ¡En que transporte de júbilo y de amor fui arrebatada! Estando en esos momentos de retiro, me pase todo el día en esa inefable delicia, y me parecía que iba a ir en ese momento y gozarlo de inmediato. Pero estaba muy equivocada, como me lo hicieron ver las siguientes palabras:

En vano tu anhelante corazón desea
Encontrar una entrada ahí,
Quien a ésta bendición celestial aspira,
En la tierra esta cruz debe llevar.

Después de lo cual se me mostró todo lo que sufriría durante toda mi vida; a la vista de esto todo mi cuerpo se estremeció, aunque a partir de esta primera vista no la entendí tan plenamente como lo he venido entendiendo a partir de eventos subsecuentes.

Cuando me estuve preparando para hacer mi confesión anual y estaba muy ansiosa en descubrir mis pecados, mi

Divino Maestro me dijo: *"¿Por que te atormentas? Haz lo que esté en tu poder, yo te daré lo que falte. En este Sacramento no pido otra cosa que un corazón contrito y humillado que con voluntad sincera de no ofenderme más se acusa con franqueza. Entonces perdonando yo sin tardanza seguirá una enmienda perfecta de ese corazón."*

Él Espíritu Soberano que actuaba en mí independientemente de mi voluntad, había tomado un imperio tan absoluto sobre mi bienestar físico y espiritual, que no estaba más en mí poder despertar en mi corazón emoción alguna, ya fuera de alegría o de dolor, excepto que estuviera de acuerdo a lo que a Él le placía; ni tampoco podía ocupar mi mente con otros pensamientos que no fueran otros que los que recibía de Él. Esto me llenaba continuamente con un extraño temor de ser engañada, cualesquiera que fueran los consuelos que recibía de parte de Dios mismo o de los que me guiaban, es decir de mis superiores.

Siempre que se me dio un director, era únicamente para examinar el espíritu que me guiaba, y se les daba toda la libertad de aprobarlo o rechazarlo. Pero para mi consternación, en lugar de sacarme del estado de sentimiento de engaño en que me creía encontrar, mis confesores y otros me hundían aún más. Me dijeron que me entregara sin reservas al poder y la guía del Espíritu y que me dejara guiar por Él. Aún si me imaginaba que estaba siendo usada como juguete del demonio, no debería desistir de seguir sus mociones.

Así, pues, hice mi confesión anual, después de lo cual me pareció verme despojada y, al mismo tiempo, vestida con una túnica, mientras escuchaba estas palabras: *"Mira la túnica de inocencia con que visto tu alma, para que puedas en adelante vivir únicamente la vida del Hombre-Dios; esto es, para que puedas vivir como si no estuvieras viviendo, sino para que me permitas vivir en ti, porque yo soy la vida, y para que en adelante no vivas mas sino en Mí y por Mí. Mi deseo es que no actúes más como si lo estuvieras haciendo, dejándome actuar y trabajar en ti y por ti, abandonándote totalmente a mi cuidado. Por lo tanto de ahora en adelante no deberás tener voluntad, dejándome a Mi actuar por ti en todo y en todo lugar como si no la tuvieras."* El único Amor de mi Alma se apareció una vez teniendo en una mano el retrato de la vida más feliz imaginable para el alma de una religiosa: una vida en paz vivida en el gozo interior y el consuelo exterior, junto con salud perfecta, aplauso y estima de las criaturas y muchas otras cosas gustosas a su naturaleza. En la otra mano tenia el retrato de una vida pobre y miserable, continuamente crucificada por humillaciones, desprecio y contradicciones, en una vida de sufrimiento en cuerpo y alma. Me ofreció los dos retratos diciendo: *"Escoge hija mía. La que te plazca mas. Te daré las mismas gracias con cualquiera de ellas."* Postrándome a sus pies para adorarlo, le dije: "Oh mi Señor, no deseo nada sino a Tí y me conformaré con la elección que tu hagas por mí." Después de que me hubiera urgido fuertemente a escoger, exclame: ¡Tu eres suficiente para mi, Oh mi Dios! Haz por mi lo que te glorifique más, no teniendo ninguna preferencia de interés o satisfacción. Es suficiente para mí saber que estas satisfecho." Entonces me dijo que, con Magdalena, había escogido la mejor parte la cual no me sería arrebatada, ya que sería mi herencia para siempre; y presentándome con la imagen de la crucifixión dijo: *"Mira, lo que he escogido para ti; esto es lo que me es más agradable, tanto como para llevar a cabo Mis designios, tanto como para hacerte mas conformable a Mí. La otra es una vida de gozo, no de mérito: es para la eternidad."* Inmediatamente acepte esta imagen de crucifixión y muerte y bese la mano que me la ofreció; y aunque mi naturaleza se estremeció ante esta imagen, la abrace con todo el afecto de que fui capaz. Al presionarla contra mi corazón la sentí tan fuertemente grabada en mi, que me parecía que yo ya no era nada, sino una parte de todo lo que había visto mostrado en esa imagen.

Mi disposición había cambiado de tal manera que no me reconocía más. Me abandoné totalmente al juicio de mi Superiora, a quien no podía ocultar nada, ni tampoco podía omitir nada de lo que me ordenaba, siempre que procediera directamente de ella. Pero el espíritu del cual estaba poseída me hacía sentir una extremada aversión cuando ella me ordenaba hacer algo o me ordenaba algo proveniente de sugerencias de otros, ya que mi Divino maestro me había prometido que le daría la luz necesaria para guiarme de acuerdo a sus designios.

Era durante la Santa Comunión y durante la noche entre jueves y viernes en que recibía de su bondad las mayores señales de gracia e inexpresables favores. Así fue que en una ocasión Nuestro Señor me advirtió una vez que Satán había pedido permiso para probarme como oro en el crisol de las contradicciones y humillaciones, tentaciones y desidia, y que se le había dado total libertad con la excepción de impureza. Teniendo tal aversión por ese vicio, Nuestro Señor no permitió que se me perturbara con esto, así como no permitió que Satán me atacara en esto en lo más mínimo.

Pero en cuanto a otras tentaciones, Nuestro Señor dijo, que debería estar en guardia en especial en cuanto al orgullo, desesperanza y glotonería, de los cuales tenía un horror más grande que a la muerte. Pero Nuestro Señor me aseguro que no tenía nada que temer, ya que sería una gran fortaleza dentro de mi, que habría de luchar por mi y rodearme con su poder para que no sucumbiera, y que Él mismo sería el premio de mis victorias; pero adiciono que debería estar en guardia constante en mi exterior, mientras que Él mismo estaría de guardia en mi interior. No paso mucho para que yo oyera amenazas de mi perseguidor. Porque habiéndoseme presentado bajo la apariencia de un Moro amenazante, sus ojos centelleantes como dos carbones ardientes y con dientes rechineantes me dijo: "Maldita seas, te voy a capturar, y si te llego a tener una sola vez en mi poder, te haré sentir lo que puedo hacer; te voy a herir en toda ocasión." Aunque me amenazó en muchas otras ocasiones, yo, sin embargo, no temía; tan grande era la fuerza interior que experimentaba. Me parecía que no debía temer toda la furia del infierno, ya que tenía un pequeño crucifijo al cual Mi Divino Soberano había dado el poder de alejarme de esta furia infernal. Yo lo llevaba constantemente en mi corazón, noche y día, y del que recibía un gran consuelo.

Fue en una ocasión en la enfermería, a la que había sido asignada como ayudante, donde solo Dios sabe lo que sufrí, tanto de mi naturaleza inquieta y sensitiva, como de criaturas del diablo. Este me hacía caer frecuentemente y romper lo que llevaba en las manos. Entonces se burlaba en mi propia cara diciendo: "¡Oh torpe criatura, nunca harás algo bien!" Esto me hacía sentir triste y desalentada y apenas sabía que hacer; porque seguido me hacía sentir impotente de poder decirle a Nuestra Madre lo que pasaba, ya que la obediencia lo dejaba sin poder sobre mí. En una ocasión en que llevaba una charola llena de carbones al rojo vivo, me hizo caer desde la parte superior de una escalera hasta el suelo sin que ninguno de ellos se cayera y sin que yo sufriera ningún daño; los que lo vieron pensaron que me había roto las piernas. Pero yo sentí a mi fiel ángel guardián junto a mi, ya que seguido era favorecida con su presencia, y frecuentemente me corregía. Cuando en una ocasión me ocupé del matrimonio de una de mis relaciones, me presentó esto como indigno de una religiosa, y me reprendió severamente por ello diciendo además que si en alguna otra ocasión me inmiscuía en este tipo de intrigas, se ocultaría de mí. Mi Ángel no podía tolerar el menor deseo de respeto o modestia fingida en la presencia de Nuestro Señor, ante quien le vi postrarse en el suelo, y deseó que yo lo hiciera también. Yo me postraba frecuentemente, ya que no encontraba postura mejor para aliviarme de mis sufrimientos de cuerpo y alma, ya que era la mas conformable a mi nulidad, la cual nunca perdí de vista. Me sentía abrumada ya fuera en la desolación o en la consolación, aunque en esta última nunca experimente ningún placer.

Esta Santidad de Amor me urgía tan fuertemente a sufrir para poder corresponder a Nuestro Señor, que no podía encontrar descanso mas dulce que el sentir mi cuerpo abrumado con dolor, con mi mente sumida en abandono y mi cuerpo entero presa de humillación, desprecio y contradicción. Y de estas, por gracia de Dios no tenía necesidad, ya que no me dejaba un solo momento sin ellas, ya fuera desde dentro o desde fuera. Cuando este pan de salud era disminuido, yo me obligaba a buscar otra forma de alimentar este deseo a través de la mortificación; y siendo mi naturaleza orgullosa y sensible tenía material de sobra. El deseaba que no perdiera ninguna ocasión, y cuando lo hacía por medio de la gran violencia que a menudo usaba sobre mi misma para vencer mi aversión, me hacía pagar doble por ello. Cuando Él deseaba algo de mí, lo hacía de forma tan fuerte que me era imposible resistir. Esto fue causa de un gran sufrimiento para mí, porque yo me inclinaba frecuentemente a resistir, ya que me tomó por el lado que era más opuesto a mi naturaleza e inclinaciones y deseaba que yo actuara de la forma opuesta a éstas.

Era tan extremadamente delicada que cuando algo estaba sucio y había que limpiarlo me daban ganas de vomitar. Él me regañó por esto con tal severidad, que en una ocasión habiendo que limpiar el vómito de una persona enferma, me obligué a limpiarlo con mi lengua y tragarlo, diciendo: ¡Si tuviera mil cuerpos, mil amores y mil vidas, Oh mi Dios, los inmolaría a todos en Tú servicio! Experimenté tal gusto en esta acción que hubiera querido tener cada día estas ocasiones, para que teniendo a Dios como testigo me sirvieran para conquistarme a mi misma. Y Él, cuya sola bondad me había dado la fuerza para sobreponerme, no dejó de manifestarme el gusto que le había dado el que hubiera podido sobreponer a mi misma. Ya que a la siguiente noche, si no me equivoco, me mantuvo dos o tres horas con mis labios presionados en la herida de su Sagrado Corazón. Sería difícil explicar lo que sentí, y los efectos maravillosos que esta gracia produjeron en mi alma y en mi corazón. Pero esto debe ser suficiente para hacer conocidas la infinita bondad y misericordia de mi Dios para una persona tan miserable.

Sin embargo, Él no deseaba que mi sensibilidad y aversión disminuyeran, y esto no solo para honrar la agonía que Él condescendió sentir en el Huerto de Los Olivos, sino también para darme material de victoria y humillación. Pero, ¡Ay! Soy infiel, fallo seguidamente, y al Él algunas veces le parecía que lo hiciera, tanto para humillar mi orgullo y para hacer que desconfiara de mí misma, viendo que sin Él únicamente podía hacer daño y fallaría en levantarme por mi misma. En tales momentos este Buen Soberano de mi alma venía en mi ayuda, y como buen padre abría sus brazos hacía mi, diciendo: *"Ahora sabes perfectamente bien que (no eres capaz de hacer nada)*[34] *sin Mí."* Esto me llenó de gratitud por su dulce amabilidad, y derramé lágrimas abundantes al ver que su única venganza por mis infidelidades era un exceso de amor por medio del cual Él parecía luchar con mi ingratitud. Algunas veces me la mostraba poniéndola junto a la multitud de sus gracias, haciendo así que fuera imposible que le hablara excepto por mis lágrimas, mientras que sufría más de lo que puedo explicar. Así lidiaba este Divino Amor con su indigna esclava. Pasó una vez, cuando atendía a un paciente que sufría de disentería, que fui vencida por las nauseas; me dio tal reprimenda, que me sentí urgida de reparar esta falla… ("La Santa llevó a cabo tan repugnante acto contra natura que

---

[34]   Estas cuatro palabras se han perdido del original y han sido añadidas de acuerdo a otra MS.

no solo nadie podría haberlo aconsejado, sino que tampoco lo hubiera permitido." Palabras tomadas de *La Vida de Santa Margarita María,* Biblioteca de la Visitación, Roselands, Walmer, página 81.) Entonces Él me dijo: *"¡Eres en verdad una tonta actuando de esta manera!"* Mi Divino Maestro, repliqué, fue para complacerte, y para ganar Tú Sagrado Corazón, el cual, espero, no me negarás. Pero Tú, oh mi señor, ¿Que no has hecho para ganar los corazones de los hombres? Y sin embargo te rechazan y te alejan de ellos. *"Es cierto, hija mía, que Mí amor me ha hecho sacrificar todo por ellos, y ellos no me corresponden. Pero deseo que tú hagas ofrenda por ellos, por su ingratitud, a través de los méritos de Mi Divino Corazón."*

"Te daré Mi Corazón, pero debes primero constituirte en su holocausto, de tal manera, que por Su intervención, puedas alejar el castigo que Mí Padre está a punto de infligir en una comunidad religiosa que, en Su justa ira, desea corregir y castigar." Acto seguido me mostró, junto con las faltas en particular que le habían irritado y todo lo que debería sufrir para apaciguar su justa ira. Me estremecí de pies a cabeza y no tenía el coraje para hacer el sacrificio. Repliqué que, no estando en disposición, no podría hacer eso sin el consentimiento de la obediencia. Pero el miedo de ser obligada a hacerlo me llevó a no hablar de ello a mis superiores. Sin embargo, Él me perseguía incesantemente y no me daba paz. Derramé abundantes lágrimas, y al final me encontré forzada a hacerlo saber a mis Superiora, quien al ver mi angustia, me ordenó hacer el sacrificio sin reserva de lo que Él pidiera de mí. Pero, Oh mi Dios, mi angustia era ahora el doble, porque no tenía el coraje de decir "sí", y mi resistencia continuaba. Pero en las vísperas de La Presentación, la Divina Justicia se me presentó armada con tan terrible manera, que quede muy fuera de mi, y no siendo capaz de hacer algo en mi propia defensa, se me dijo, como a San Pablo: *"¡Mira que es duro patear contra el aguijón*

de mi justicia! Pero como haz hecho tanta resistencia para evitar las humillaciones que debes sufrir en esta humillación, te las daré el doble. Únicamente pido de ti un sacrificio en secreto, pero ahora lo haré público, y de una manera y tiempo mas allá del cálculo humano, acompañado de circunstancias tan humillantes que serán fuente de confusión para ti el resto de tu vida, para que tanto para ti como para otros, entiendan lo que es resistir a Dios."

Desgraciadamente entendí muy bien, porque nunca antes había estado en tal estado. He aquí algunos detalles, pero no todo. Después de una noche de meditación, me era imposible dejar el coro con las demás sino que permanecía ahí hasta la última campanada para la cena, dando rienda suelta a mi angustia con gemidos y llanto. Fui entonces al convivo, porque eran las vísperas de La Presentación; y, habiéndome arrastrado por pura fuerza al cuarto de la comunidad, sentí fuertemente el deseo de hacer este sacrificio en voz alta, y en la forma en que Dios me había dado a entender, Él deseaba fuera por mi Superiora que estaba enferma en ese momento. Pero confieso que me encontraba en tal estado de tribulación que parecía una persona atada de pies y manos, a la que no se le daba ninguna libertad, interior y exterior, salvo por las lágrimas; estas derramé en abundancia, creyendo que eran la única salida a mis sufrimientos; porque me sentía como una criminal que era arrastrada por medio de ataduras al lugar de la tortura. Contemplé esta Santidad de Dios armada con los relámpagos de su justa ira listos para ser enviados hacia mi, listos para sumirme, así me parecía, en las mandíbulas abiertas del infierno que veía abiertas y listas para tragarme.

Me sentí consumida por un fuego devorador, que me penetró hasta la medula de mis huesos, y todo mi cuerpo presa de un extraño temblor, lo único que pude decir fue: "¡Dios mío ten piedad de mi de acuerdo a Tú misericordia!" Sobrecogida con angustia continué suspirando y gimiendo, pero totalmente incapaz de ir por mi Superiora hasta cerca de las ocho, cuando una hermana, habiéndome encontrado en este estado, me llevó a ella. La Superiora estaba muy sorprendida de verme en tal condición, que en ese momento no podía explicar, y añadiendo a mi sufrimiento, pensaba, que al verme en ese estado todos sabrían la causa, aunque no era el caso. Mi Superiora sabiendo que la obediencia era todo poderosa sobre el Espíritu que me gobernaba, me ordenó decirle mi tribulación. Acto seguido le dije del sacrificio que Dios pedía hiciera de todo mi cuerpo en la presencia de la comunidad, y la razón por la que lo demandaba. Esto último no lo referiré con mas detalle, por miedo a herir la santa caridad y al mismo tiempo al Sagrado Corazón de Nuestro Señor, quien es su fuente, razón por la cual Nuestro Señor desea que por ningún motivo sea dañada.

Habiendo cumplido totalmente lo que mi Soberano Señor pedía de mi, hablaron de ello y lo juzgaron de varias maneras; pero dejo estas circunstancias a la Misericordia de Dios. Verdaderamente me parece que si todo lo que sufrí hasta ese punto y lo que he padecido desde entonces, fueran unidos, y así combinados fueran a continuar hasta mi muerte, no tendrían ninguna comparación con lo que sufrí esa noche, cuando fui arrastrada de lugar a lugar y fui sujeta a las mas espantosas humillaciones. Por ello Nuestro Señor se complació en gratificar a su miserable esclava para honrar la agonizante noche de Su Pasión, aunque lo que yo sufrí fue una pequeña muestra de ella.

La noche así paso en tormentos únicamente conocidos por Dios, sin descanso, hasta el tiempo de la Santa Misa la siguiente mañana cuando me pareció oír las siguientes palabras: *"Al fin la paz ha sido restaurada, y la Santidad de mi Justicia ha sido satisfecha por el sacrificio que tu has llevado a cabo en honor de aquel que hice en el momento de la encarnación en el vientre de Mí Madre. Deseaba renovar y unificar el mérito del mismo con este acto tuyo para aplicarlo en favor de la caridad, como te he mostrado.*

Por lo tanto no deberás reivindicar lo que sea que hagas o sufras, tanto para incrementar tus méritos o para satisfacer por penitencia o cualquier otra intención, ya que todo es sacrificado a favor de la caridad. Por lo tanto, a imitación Mía, deberás actuar y sufrir en silencio sin ningún otro interés que la Gloria de Dios, en el establecimiento del Reino de Mí Sagrado Corazón en el corazón de los hombres, a los cuales se los quiero manifestar por estos medios."

Estas sagradas instrucciones me fueron dadas por mi Soberano Señor después de haberlo recibido, pero no retiró de mí el estado de sufrimiento. Sentí una paz inalterable al aceptar todo lo que tenía que sufrir, o que aún tenía que sufrir como me fue mostrado, hasta el Día del Juicio si tal era la voluntad de Dios. En efecto, Él deseaba que no apareciera de ninguna otra manera que como un objeto de contradicción, un fondo mismo de la villanía, de desprecio y de humillación, lo que lleve con un placer que me abrumaba por todos lados, sin ningún consuelo, tanto divino como humano. Me parecía que todo conspiraba contra mi para aniquilarme. Era continuamente cuestionada, y las respuestas que a fuerza sacaron de mí sirvieron como instrumentos para incrementar mi tormento. No podía comer, hablar o dormir. Mí único reposo y ocupación consistía en permanecer postrada ante mi Dios. Cuya Soberana Grandeza me mantenía enterrada en el abismo profundo de mi nulidad, continuamente sollozando, suspirando y rogándole que en su Misericordia alejara el azote de Su justa ira.

El oficio en que era empleada en ese tiempo, al proveer de ocupación continua, tanto para cuerpo como para mente, era causa de un tormento indecible para mí, aún más porque, mi Soberano Señor no permitía que omitiera el más pequeño de mis deberes. Tampoco me permitía dispensarme de los deberes derivados de estos, o de cualquiera que fueran derivados de la Regla, y para llevar a cabo mis deberes sentí la fuerza de mi Soberano arrastrándome como a un criminal a un lugar con tortura fresca. Encontré esto en todo lugar; porque estaba tan absorta en mi sufrimiento que no sentía más espíritu o vida sino ver y sentir lo que era doloroso para mí. Sin embargo, todo esto, no me causaba la menor molestia o inquietud, ya que en medio de estas tribulaciones siempre fui guiada por lo que era lo mas contrario a una naturaleza sin mortificación y a la vez contrario a mis inclinaciones.

Al observarse que no comía nada, fui severamente reprendida por mi Superiora y por mi confesor, y se me ordenó que comiera todo lo que se me ponía en la mesa, una obediencia que parecía más allá de mi fuerza. Pero Él, que no me dejaba desear ayuda en los momentos de necesidad me permitía someterme y hacerlo sin replica o excusa. Aunque después de cada comida tenía que vomitar la comida que había tomado. Dado que esto continuó por algún tiempo, me causó sufrimiento y dolor considerable, y al final no podía retener nada de lo poco que comía, aún después de que había parecido bien mitigar la orden permitiendo que comiera solo eso que yo pensaba podría retener. Esto me debió venir del tiempo en que la necesidad de comer era un tormento para mí, e iba al refectorio como quien es llevado al lugar de la tortura al cual el pecado había condenado. Sin embargo, a pesar del esfuerzo que hice para comer indiferentemente lo que fuera preparado para mí, no podía evitar escoger comer lo que me parecía era lo peor, como siendo lo más adecuado para mi pobreza y nulidad, diciéndome a mí misma que, pan y agua eran suficientes para mí, todo lo demás era superfluo.

Regresando al estado de sufrimiento que en lugar de disminuir era constantemente incrementado por la recurrencia de dolorosas humillaciones, ellos pensaban que estaba poseída por el diablo, me echaban agua bendita, y con la señal de la cruz y otras plegarias se esforzaban en ahuyentar al espíritu maligno. Pero Él, por El que era poseída, lejos de irse, me unió aún mas fuertemente a Sí Mismo, diciendo: *"Amo el Agua Bendita, y tengo un afecto tan grande a la Cruz, que no puedo evitar el unirme fuertemente a aquellos que la llevan como Yo, y por amor a Mí.*" Estas palabras encendían en mí un tan intenso deseo de sufrir que todo lo que soporté me parecía solo una pequeña gota de agua que más aumentaba que aliviaba la sed insaciable de sufrir que sentía. Sin embargo, me parecía, verdaderamente puedo decir, que no había parte de mi ser, tanto mente como cuerpo, que no tuviera un sufrimiento especial, y sin recibir ninguna piedad o consuelo; el diablo también me asaltaba con tal furia que hubiera sucumbido mil veces si no hubiera sentido un poder extraordinario dentro de mí que me sostenía combatiendo por mí en medio de todo lo que he relatado. Al final mi Superiora, no sabiendo que hacer conmigo, me ordenó ofrecer la Santa Comunión y en santa obediencia pedir a Nuestro Señor me restableciera a mi condición anterior. Habiéndome presentado ante Él como Holocausto, me dijo. *"Si, hija mía, vengo a ti como Soberano Sacrificante para darte renovado vigor a fin de inmolarte con frescos sufrimientos."* Así, no falló en esto, y sentí un cambio tan grande en mí, que me hizo sentir como un esclavo que se acababa de emancipar. Sin embargo no duró mucho, porque empezaron a decirme que el demonio era el autor de lo que pasaba dentro de mi, y que si no tenía cuidado, me llevaría con sus engaños a la perdición eterna.

Esto fue un golpe muy duro para mí, porque tenía horror de ser engañada y temía el engañar a otros sin intención. Así, derramé abundantes lágrimas, porque no podía de ninguna manera liberarme del poder del Espíritu Soberano que actuaba en mí; y, a pesar de mis esfuerzos, ni podía desconectarme de Él, ni prevenir sus operaciones. Porque había tomado tal posesión de las facultades de mi alma que me parecía estar en un abismo, y entre más grande era el esfuerzo que hacía, más me veía absorbida, aún haciendo uso de todos los medios que me fueron sugeridos, pero todo era en vano. El conflicto era a veces tan grande que quedaba exhausta. Pero mi Soberano Señor se complacía en esto, y me tranquilizaba tan poderosamente que mis miedos fueron inmediatamente disipados cuando me dijo: *"¿Que tienes que temer en brazos del todopoderoso? ¿Podría acaso permitir que perecieras y entregarte a mis enemigos, después que me he constituido a Mí Mismo en tu Padre, tu Maestro y tu Gobernante desde tu tierna edad, y haberte dado pruebas continuas de la amante ternura de Mí Sagrado Corazón, al que he establecido como tu hogar por toda la eternidad? Como mayor garantía, dime que mayor prueba de Mí amor quieres, y te la daré. Porque quiero probar que soy tu único y verdadero Amigo"* Estos reproches por querer tener certeza me llenó con tal arrepentimiento y confusión que tomé la resolución de no contribuir más a los juicios hechos respecto al Espíritu que me guiaba, sino aceptar humildemente todo lo que desearan hacer conmigo.

Oh mi Señor y mi Dios, quien solo sabe de la angustia que sufro al llevar a cabo tal obediencia, y la violencia que debo hacer a mí misma para sobreponerme a la aversión y confusión que siento al escribir esto, dame la gracia de mejor morir que decir nada que no venga de Tú Espíritu, que te de Gloria a Tí y atraiga confusión a mí. Misericordiosamente concédeme, oh mi Soberano Dios, que estas líneas nunca sean vistas por ninguno sino aquel a quien hayas examinado, para que no sea eternamente enterrada en el olvido con desprecio eterno por las criaturas. ¡Oh mi Dios, da este consuelo a Tú pobre esclava miserable! Inmediatamente recibí la siguiente respuesta: *"Abandónate a mis deseos y déjame llevar a cabo Mis designios, no interfieras con nada, Yo me ocupo de todo."*

Así, oh mi Dios, continuaré por obediencia, sin ningún otro objetivo que el de satisfacerte por el martirio que sufro al escribir este relato, en que cada palabra me parece un sacrificio; ¡Pero seas Tú, por él, eternamente glorificado! Fue de la siguiente manera, sin embargo, que me manifestó su voluntad acerca de este manuscrito. Me he sentido siempre atraída a amar a mi Soberano Señor por amor a Él mismo, no queriendo o deseando nada sino a Él mismo. Nunca me he sentido atada a sus regalos sin importar que tan grandes sean, y que tan agradecida esté; los valoraba porque venían de Él, y yo reflexionaba en ellos lo menos posible, tratando de recordarlo a Él únicamente, sin quién el resto fuera nada para mí. Así, cuando fui obligada a llevar a cabo este acto de obediencia, pensaba que sería imposible escribir de esto que había pasado hacía tanto tiempo; pero mi Señor no falló, mostrándome lo contrario. Para facilitármelo, renueva en mí mi antigua disposición respecto a cada uno de los puntos de los que estoy escribiendo. Esto me convence de que todo es por Su voluntad.

En medio de todos mis miedos y dificultades, mi corazón, sin embargo, estaba en un estado de inalterable paz. Esto aunque se me hizo hablar a ciertos teólogos, quienes, lejos de tranquilizarme, aumentaron mis dificultades, hasta que al fin mi Señor envió al reverendo Padre de la Colombière,[35] con quien ya había hablado al principio de mi vida religiosa. Mí Soberano Esposo me había prometido, poco después qué me hube consagrado a Él,[36] que me habría de enviar a uno de sus servidores, a quién Él quería que yo le hiciera conocer, de acuerdo al conocimiento que me daría en adelante, todos los tesoros y secretos que me confiaría de su Sagrado Corazón. Además me dijo que lo había enviado para tranquilizarme acerca de lo que me pasaba interiormente, y que le impartiría señales de gracia de su Sagrado Corazón, empapándolo abundantemente de lo que sucedería en nuestras entrevistas.

Cuando este santo hombre vino y estaba dirigiéndose a la comunidad, interiormente oí en mi interior: *"Este es a quién te envío."* Pronto comprobé esto durante la primera confesión

---

[35]   En 1679.
[36]   En 1675.

en los días de Las Témporas[37, 38]; porqué, aunque nunca nos habíamos visto ni hablado, el Reverendo Padre me mantuvo un largo tiempo y me habló como si entendiera lo que me pasaba. Pero en ese momento aún no podía abrir ni aunque fuera un poco mi corazón, y viendo él qué quería retirarme por miedo de crear algún inconveniente a la comunidad, me preguntó si le permitiría venir otra vez a hablar conmigo en el mismo lugar. Pero en mi natural timidez que evitaba ese tipo de comunicaciones, le respondí que no estando en mí decidirlo, haría lo que fuera lo que la obediencia ordenara. Entonces me retiré, habiendo permanecido con él cerca de una hora y media. No tardó en regresar y aunque yo sabía que era la Voluntad de Dios que yo hablara con él, sentía una aversión extrema al verme obligada a hacerlo. Se lo dije inmediatamente. Me dijo que estaba muy complacido de haberme dado la oportunidad de hacer un sacrificio a Dios. Entonces, sin método ni dificultad, abrí mi corazón y le dejé conocer lo más íntimo de mi alma, tanto lo bueno como lo malo; con lo cual me dio un gran consuelo, asegurándome que no había nada que temer con la guía de este Espíritu, ya que no me hacía desobedecer; que debería seguir sus mociones, abandonando al Él todo mi ser, sacrificándome e inmolándome de acuerdo a su parecer. Al mismo tiempo expresó su admiración a la bondad de Dios al no haber sido repelido por tal resistencia de mi parte. Me enseñó a valorar los regalos del Señor y a recibir con respeto y humildad las comunicaciones frecuentes y familiares con las que me

---

[37]   En 1675.

[38]   N. del T. Breves ciclos litúrgicos, correspondientes al final e inicio de las cuatro estaciones del año, consagrados especialmente a la plegaria y a la penitencia. En su origen, el objeto de las Témporas era dedicar un tiempo a dar gracias a Dios por los beneficios recibidos de la tierra y a pedirle su bendición sobre las siembras para que produjeran cosechas abundantes.

favorecía, además de que debía estar en estado continuo de agradecimiento a tan infinita bondad. Le dije, que dado que este Soberano Señor de mi alma me perseguía estrechamente sin importar tiempo o lugar me era imposible orar vocalmente, y, aunque me hacía violencia a mi misma para hacer esto, algunas veces sin embargo, permanecía sin decir una sola palabra, especialmente cuando rezaba el Rosario. Me replicó que no debía forzarme más para decir oraciones vocales, estando satisfecha con lo que era mi obligación, y además, cuando fuera posible, El Rosario. Habiendo mencionado alguno de los favores más especiales y expresiones de amor que mi alma recibía de este Amado de mi alma, y que me reservo no mencionar aquí, dijo que todo esto tenía el propósito de hacerme más humilde y de hacerme admirar la consideración de la misericordia de Dios para conmigo.

Pero como esta infinita Bondad no quería que yo recibiera ninguna consolación sin que recibiera infinitas humillaciones, esta entrevista me trajo muchas, y hasta el mismo Reverendo Padre tuvo mucho que sufrir a costa mía. Porque se decía que yo trataba de engañarlo con mis ilusiones, como lo había hecho con otros. Sin embargo, él no se sintió en modo alguno trastornado por lo que se decía, y así continuó ayudándome, no solo durante el corto período en que estaría con en este pueblo, sino siempre. Muchas veces me sentí sorprendida que no me abandonara como lo habían hecho muchos otros, ya que el modo en que lo traté hubiera provocado el rechazo a cualquiera; sin embargo no me dispensó ni humillaciones ni mortificaciones, lo que me fue muy grato.

Un día vino a decir misa a nuestra iglesia, y Él Señor nos dio señales de gracia tanto a él como a mí. Al ir a recibir la Sagrada Comunión, Él Señor me mostró su Sagrado Corazón como un horno ardiente, y otros dos corazones estaban a punto de unirse a su Sagrado Corazón y de ser absorbidos en Él. Al mismo tiempo me dijo: *"He aquí que mi Amor Puro une estos tres corazones para siempre."* El me dio a entender después que esta unión era para la gloria de Su Sagrado Corazón, cuyos tesoros deseaba que yo le revelara para que él los propagara en el extranjero, e hiciera saber a otros su valor y utilidad. Para este fin deberíamos ser como hermano y hermana, compartiendo por igual estos tesoros espirituales. A partir de entonces le presente mi pobreza espiritual y la desigualdad que existía entre hombres de tan gran virtud y mérito, y los miserables pecadores como yo. Pero Él Señor me dijo *"Las riquezas infinitas de mi corazón suplirán estas miserias e igualaran todo. Dile esto sin miedo."* Yo hice saber esto al Reverendo Padre en nuestra primera entrevista. La profunda humildad y gratitud con que él recibió este mensaje y muchos otros concernientes a él mismo, que le hice saber a nombre de mi Soberano Señor, me tocaron tan profundamente que aproveché aún más desde entonces que lo que había hecho con todos los sermones que había oído hasta entonces. Le dije que Nuestro Señor me había dado estas gracias para que Él fuera glorificado en las almas de aquellos a quienes yo las distribuyera, tanto de palabra o por escrito, -de acuerdo a sus deseos como me lo habría de hacer saber- haciéndolo sin ninguna ansiedad, en cuanto lo que había de decir o escribir, porque Él habría de adjuntar la unción de Su Gracia a mis palabras, para que se produjeran los efectos que Él deseaba en aquellos que las recibieran bien. Cuando dije que sufría mucho debido a los esfuerzos que tenía que hacer para escribir y hacer ciertas revelaciones a personas de quienes recibía grandes humillaciones, me replicó diciendo que, sin importar cualquier sufrimiento y humillación que resultara de esto, no debería dejar de seguir las mociones del Espíritu. Debería decir simplemente lo que el Espíritu me inspirara o, si lo había escrito, darle el escrito a mi Superiora, y después hacer lo que fuera que ella me ordenara; esto hice, aunque esto me atrajo considerable desprecio de parte de las criaturas. También me ordenó escribir un relato de lo que estaba pasando dentro de mí, a lo que sentí una extrema aversión; porque escribía por simple obediencia, e inmediatamente quemaba el manuscrito, pensando que había satisfecho suficientemente lo que se me había ordenado. Pero sufrí mucho por esto, porque se me hizo un acto con peso en mi conciencia, y se me ordenó no hacerlo más.

En una ocasión mí Soberano Sacrificador me pidió hacer a su favor y por escrito un testamento con la total y completa donación, como lo había hecho ya verbalmente, de todo lo que debía de hacer y sufrir, y de todas las oraciones y bienes espirituales que fueran ofrecidos, tanto durante mi vida como después de mi muerte. Me hizo pedirle a mi Superiora hacer de notario en este hecho, prometiendo pagarle Él mismo con generosidad, y que si rehusaba me debería dirigir a su siervo el Reverendo Padre de la Colombière. Pero mi Superiora consintió, y, cuando presenté el testamento a este único Amor de mi alma, expresó un gran placer, y dijo que deseaba disponer de él de acuerdo a sus designios y a favor de quien fuera que Él quisiera. Su amor, habiéndome despojado de todo, no quiso que tuviera otras riquezas que no fueran esas de su Sagrado Corazón, del cual ahí y entonces me hizo la donación. Me dijo que lo escribiera en sangre de acuerdo a lo que me dictaba; entonces lo firmó en mí corazón, escribiendo ahí el Sagrado Nombre de Jesús con una navaja.

Entonces dijo que ya que no tenía más derechos sobre el bien hecho a mí, Él no fallaría en recompensarlo cien veces más, como si fuera hecho a Sí mismo. Me dijo además que Él conferiría a aquella quien había llevado a cabo tal donación a su favor, las mismas recompensas que había dado a Santa Clara de Montefalco; y para esto aumentaría a sus acciones los méritos infinitos de los suyos permitiendo, a través de su Sagrado Corazón, merecer la misma corona. Esto fue un gran consuelo para mí, porque ella era muy querida para mí, porque ella alimentaba mi alma abundantemente con el pan delicioso de la mortificación y humillación, que era tan agradable al paladar de mi Soberano Maestro. Para darle a Él esta satisfacción hubiera deseado que todo el mundo contribuyera con algo. Desde ese instante Dios me concedió que no me faltaran mortificaciones. Mi vida entera ha sido pasada con sufrimientos corporales, ya fuera debido a las dolencias de mis continuas enfermedades u otras causas. Mi alma también sufría por constante abandono y desamparo y por ver a Dios ofendido; pero en Su Bondad, siempre me sostuvo en medio de persecuciones, contradicciones, y humillaciones de parte de las criaturas, tanto como en medio de las tentaciones del demonio, quien me atormentaba y me perseguía grandemente. También me fortalecía contra tentaciones procedentes de mi misma, quien ha sido el más cruel de mis enemigos y el más difícil de vencer.

Porque, en medio de todo lo que he relatado, no se me perdonó ningún trabajo u ocupación, hasta donde mis fuerzas lo permitían. No era poco el sufrimiento para mí, en el estado en que estaba, creer que era un objeto de aversión para otros, y que tenían una gran dificultad en aguantar el llevarse conmigo. Todo esto me causaba un sufrimiento continuo al relacionarme con otros, y no tenía otro recurso que el amor del objeto de mi humillación. Tenía toda la razón en mantenerme sumergida ahí mismo, ya que todo, aún la más pequeña acción, me causaba humillaciones nuevas. Se me veía como una visionaria, y como una que se aferraba neciamente a sus ilusiones e imaginación. En medio de estos sufrimientos, no se me permitió buscar el menor alivio y consolación; porque mi Divino Maestro no lo permitía, deseando que sufriera todo en silencio, y que tomara el siguiente lema:

En silencio mi sufrimiento será,
Amor Puro del miedo a mi alma librará.

Él deseaba que esperara todo de Él; y, si necesitaba un poco de consuelo, tormentos nuevos y desolación eran el único alivio que me permitía encontrar. Siempre he visto esto como una de las más grandes Gracias que mí Dios me ha dado. Otra gracia por la que me hubiera querido derretir de amor, gratitud y de dar gracias a mi Salvador es que Él no me retiró el tesoro precioso de La Cruz, a pesar del mal uso de la que siempre hice, que me ha hecho ser la más indigna de tan gran bien. Fue en medio de estos sentimientos y de la delicia de La Cruz que exclamé: "Que puedo hacer para corresponder al Señor por las grandes bendiciones que me ha otorgado." "!Oh mi Dios, que grande es tu bondad hacia mí permitiéndome sentar en la mesa de Los Santos, y tomar parte del mismo alimento con que los alimentas. Me das de comer abundantemente de las deliciosas viandas de tus más íntimos y fieles amigos, sí, a mi, una perversa y miserable pecadora!"

¡Ah! Les aseguro que sin el Santísimo Sacramento y la cruz no podría vivir, ni tampoco llevar tanto tiempo mi exilio en este valle de lágrimas, donde nunca he querido ver que mis sufrimientos disminuyan. Entre mas abrumado estaba mi cuerpo, más se regocijaba y estaba libre para ser ocupado con y unido a los sufrimientos de Jesús, porque no tenía mas grande deseo que hacer de mí misma una verdadera y perfecta representación de mi Jesús Crucificado. Esto es por lo que me alegraba cuando su soberana Bondad no se alejaba de su indigna víctima, cuya debilidad e incapacidad para el bien Él conocía; algunas veces me decía: *"Té hago un gran honor, mi querida hija, al hacer uso de tan nobles instrumentos para crucificarte. Mi Eterno Padre me entregó para que fuera crucificado a manos de verdugos implacables, pero en consideración a ti hice uso de almas que están consagradas a Mí, a cuyo poder te he entregado y para cuya salvación deseo que aguantes todo lo que te van a hacer sufrir."* Esto hice gustosamente, siempre ofreciéndome para sufrir todo tipo de castigo por cualquier ofensa que pudiera haber sido cometida contra Dios por lo se me hacía. De verdad, no me parecía que alguna injusticia pudiera haber sido cometida por hacerme sufrir, ya que que nunca podría tener tan gran sufrimiento como el que merecía. Pero es tan grande mi placer al hablar de la felicidad del sufrimiento, que me parece que podría escribir volúmenes y no estar satisfecho mi deseo, y mi amor propio encuentra ahí una gran satisfacción.

En una ocasión mi Soberano Señor me dio a entender que deseaba llevarme a la soledad, no a la del desierto, sino en la de su Sagrado Corazón, donde quería honrarme con su conversación más familiar como aquella de amigo a amigo. Ahí me dejaría saber mas sobre su Voluntad y me haría más fuerte para cumplirla y para luchar valerosamente hasta la muerte, ya que habría de sufrir el ataque de numerosos y poderosos enemigos. Esto es por lo que para honrar su ayuno en el desierto, deseaba que ayunara cincuenta días a pan y agua. Pero ya que no se me permitía hacer esto, a menos que me diera a notar, me dio a entender que sería igualmente agradable para Él, si fuera a pasar cincuenta días sin beber, con lo que honraría la sed ardiente que su Sagrado Corazón había siempre padecido por la salvación de los pecadores, tanto como la que había sufrido en el Árbol de La Cruz. Se me permitió padecer esta penitencia que me parecía más difícil que la otra, debido a la gran sed con la que era continuamente atormentada, haciendo necesario beber grandes vasos de agua para apagarla.

Durante este tiempo padecí grandes asaltos de parte del demonio, quien me tentaba especialmente con la desesperación. Me hacia representarme a mi misma de tal manera malvada que una como yo no debía ni pensar en las alegrías del Paraíso, ya que ya no tenía nada del amor de mi Dios, del cual sería privada por toda la eternidad. Esto me hacía derramar torrentes de lágrimas. En otras ocasiones Satán me atacaba con pensamientos de vanagloria, y finalmente con esa abominable tentación de la glotonería, haciéndome sentir extremadamente hambrienta, y entonces me presentaba con todo aquello que fuera lo mas delicioso para satisfacer el gusto. Como todo esto sucedía durante el tiempo de mis ejercicios espirituales se volvió un verdadero tormento para mí. Esta hambre duraba hasta que entraba al refectorio para tomar mis alimentos, contra los cuales inmediatamente sentía tal asco que me obligaba con gran violencia a comer un poquito de comida. Tan pronto como me iba del refectorio, el hambre me volvía mas violentamente que antes. Mí Superiora, de quien no escondía nada de lo que pasaba dentro de mí, de acuerdo al gran miedo que yo tenía de ser engañada, me pidió pedir permiso para comer cuando sufriera mucha hambre. Esto hice, pero con extrema aversión, por la gran vergüenza que sentía. Sin embargo, en lugar de mandarme a comer algo, me mortificaba y humillaba grandemente, diciendo que debía esperar y satisfacer mi hambre cuando las demás acudieran al refectorio. Entonces permanecía en paz en mi sufrimiento. Durante el tiempo de mis ejercicios espirituales, sin embargo no se me permitió completar mi penitencia de continuar absteniéndome de beber; pero después de haberme sometido a esta prohibición en el tiempo de mis ejercicios espirituales, se me permitió volverla a tomar, y entonces pase cincuenta días sin tomar nada de beber, y hacía lo mismo de pedir permiso para comer cada viernes. Yo estaba igualmente satisfecha si lo que pedía se me daba o se me negaba; me era suficiente obedecer.

Mi perseguidor no cesaba de atacarme en toda forma posible, con excepción de la impureza que le había prohibido mi Divino Maestro. Sin embargo, una vez me hizo sufrir un sufrimiento indecible de la siguiente manera: Un día mi Superiora me dijo: "Ve y toma el lugar de nuestro Rey ante el Santísimo Sacramento." Al llegar, me sentí tan fuertemente asaltada por la mas abominable tentación de impureza, que parecía que ya estaba en el Infierno. Padecí este sufrimiento por muchas horas, hasta que mi Superiora me liberó de mi obediencia, diciéndome además que no tendría nunca más que tomar el lugar del Rey ante El Santísimo Sacramento, sino ese de una buena religiosa del Santísimo Sacramento. Acto seguido todos mis tormentos cesaron inmediatamente, y me encontré inundada de consuelo, durante el cual mi Soberano Señor me dio las siguientes instrucciones. En primer lugar deseaba que yo estuviera en continuo estado de sacrificio. Para esto, me dijo que iba a aumentar mi sensibilidad y aversión de tal manera que no podría hacer nada excepto con gran dificultad y esfuerzo. Esto era para darme material para conquistarme a mi misma, aún en las cosas mas pequeñas y triviales. Puedo testimoniar que desde entonces siempre he experimentado esto. Además no volvería a saborear nunca mas ninguna dulzura, excepto en la amargura del Calvario, ya que me haría encontrar un martirio en todas esas cosas en que otros encontraban alegría, deleite y felicidad temporal. Le ha complacido que experimenté esto en manera muy marcada, y desde entonces todo lo que pudiera ser llamado placentero se ha vuelto una tortura para mí. Aún en las pequeñas recreaciones que algunas veces se tiene, mi sufrimiento excede aquellos de una fiebre violenta; sin embargo Él no quiso que de ninguna manera me distinguiera de los demás. Esto causó que exclamara: "¡Oh mi Soberano Bien que caro he tenido que comprar este placer!"

Tales sufrimientos me esperaban en el refectorio y en la cama que el mero pensamiento de ir ahí me sacaba lágrimas y gemidos; pero mis ocupaciones y el locutorio me eran totalmente insufribles. No recuerdo haber ido a ellos excepto con aversión, y que para poder conquistarlos, me obligaba a ejercer una extrema violencia a mi misma, lo que comúnmente me obligaba a hincarme y pedirle a Dios la fortaleza para sobreponerme a mi misma. Escribir no me era menos doloroso, no tanto porque lo hacía hincada sino por otros sufrimientos que sentía cuando me ocupaba en esto.

Estima, alabanza y aplauso me dolían mas que cualquier humillación; desdén y desprecio podrían haber hecho sufrir al mas arrogante y al más deseoso de honor. En tales ocasiones acostumbraba decir: "¡Oh mi, Dios deja que toda la furia del infierno se arme contra mi antes que las lenguas de las criaturas profieran palabras vacías de alabanza, lisonja o aplauso. Concede en su lugar que yo sea aplastada con toda clase de humillaciones, dolor, contradicción y confusión!" Me dio una sed insaciable por ellos, aunque, cuando las ocasiones se presentaban, me hizo sentirlos tan vivamente que algunas veces no podía evitar manifestarlos exteriormente; y sin embargo no aguantaba ver que deseaba tanto la humillación y la mortificación, y no poder sufrir sin que esto fuera percibido por otros. Mi sola consolación era que podía recurrir al amor de mi abyección, y así dar gracias a mí Soberano Señor por hacerme aparecer tal como era en realidad para aniquilar la estima que las criaturas pudieran tener por mi.

Más aún, Él deseaba que recibiera todo como viniendo de Él sin retener nada; que abandonara todo a Él sin tomar nada para mi; y que debería darle gracias tanto por los sufrimientos como por los goces. En las ocasiones más dolorosas y humillantes debía considerar que no solo las merecía, sino desear aún mayores, y que debería ofrecer el dolor que experimentaba por las personas que me afligían. Aún más, yo habría de hablar de Él con gran respeto, de mi vecino con estimación, y de mí nunca, o, cuando menos, brevemente y con desprecio, al menos que fuera para Su gloria, y que Él me haría hacerlo de otra manera. Yo debería atribuir todo el bien y la gloria a su Soberana Grandeza, y todo lo malo a mí; nunca buscar consuelo fuera de Él, y aún cuando Él me lo diera, renunciar a esto y ofrecérselo a Él. No me debería adherir a nada, vaciarme y desposeerme de todo; amar nada que no fuera Él, en Él y por amor a Él, y ver todas las cosas como nada excepto a Él y lo que complacía a su Gloria en total olvido de mi misma. Y aunque debía llevar a cabo todas mis acciones por Él, Él deseaba que su Divino Corazón tuviera una parte especial en cada una de ellas. Por ejemplo, cuando en recreo, le debería ofrecer su parte al soportar humillaciones, mortificaciones y lo demás, de lo que siempre me daba, los cuales debido a eso debería aceptar voluntariamente. De manera similar en el refectorio debía dejar para su satisfacción lo que me gustara más, y así con todas mis otras ocupaciones.

De manera similar me prohibió juzgar, acusar o condenar a nadie sino a mí misma. Me dio muchas otras instrucciones, y como yo estaba sorprendida de lo numerosas, me dijo que no temiera nada, porque *"Él era un buen Amo, siendo tan poderoso como para hacer que sus enseñanzas fueran llevadas a cabo, como era totalmente sabio tanto para enseñar como para gobernar bien."* Así puedo afirmar que, quisiéralo o no, era obligada a hacer lo que Él quisiera a pesar de mi aversión natural.

Estando un día de su octava ante el Sagrado Sacramento, recibí de mi Señor una muestra de Su amor, sintiéndome urgida de deseo de hacer algo para corresponder, y retribuirle amor por amor. *"Tú no puedes hacer un gran retorno de mi amor."* me dijo *"de ninguna otra manera que no sea el hacer lo que tan seguido te pido que hagas."* Entonces, descubriendo ante mí su Divino Corazón, me dijo *"Mira a este Corazón, que tanto ha amado a los hombres, que no se ha guardado nada, hasta quedar exhausto y consumirse a si mismo para darles testimonio de su amor; y en retorno recibo de la mayor parte nada sino ingratitud en razón de su irreverencia y sacrilegios, y por la frialdad y desprecio que me muestran en Él Sacramento del Amor. Pero lo que siento con mayor intensidad es que son corazones que están consagrados a Mí los que me tratan así. Por lo tanto te pido que el viernes después de la Octava de Corpus Christi se lleve a cabo una fiesta especial en honor de Mí Corazón, comulgando en ese día y llevando a cabo actos de reparación en un acto solemne, para enmendar las indignidades que he recibido durante el tiempo que he sido expuesto en los altares. Te prometo que mi Corazón se expandirá para derramar abundantemente la influencia de su amor divino sobre aquellos que lo honren, y hagan que se le honre."* Y cuando respondí que no sabía como llevar a cabo lo que desde hacía tanto había deseado de mí, me dijo que me dirigiera a su siervo, a quien me había enviado para llevar a cabo este designio. Habiendo hecho esto, él (el Padre de la Colombière) me ordenó que me entregara a escribir todo lo que le había hecho saber del Sagrado Corazón de Jesús, así como muchas otras cosas que se referían a Él para la mayor gloria de Dios. Esto fue causa de gran alivio para mí, ya que este hombre santo no solo me enseñó como responder a Sus designios, sino también me tranquilizó sobre el gran miedo que tenía de ser engañada, que era fuente de gran turbación para mí. Y aunque complació a Nuestro Señor el llevárselo de nuestro pueblo y usarlo para la conversión de los herejes,[39] recibí este golpe con perfecta sumisión a la voluntad de Dios, a quien le había permitido cuidarme durante el corto período que estuvo aquí. Cuando me aventuré después a reflexionar sobre mi pérdida, mi Divino Maestro en el acto me reprendió diciendo: *"¡¿Que! No soy suficiente para ti, Yo que soy el principio y el fin?"* Esto me fue suficiente para abandonarme totalmente a Él, ya que estaba convencida que no fallaría en darme todo lo que fuera necesario.

Hasta entonces no había encontrado los medios para empezar la devoción al Sagrado Corazón para quien únicamente vivía. La primera oportunidad que su bondad me permitió ocurrió durante la fiesta de Santa Margarita la cual, habiendo ocurrido en viernes, le pedí a nuestras Hermanas Novicias, a quienes había tomado bajo mi cargo, que, en lugar de darme los pequeños honores que habían tenido la intención de ofrecerme, se los ofrecieran al Sagrado Corazón de Nuestro Señor Jesucristo. Gustosamente estuvieron de

---

[39]   El Reverendo Padre de la Colombière dejó Paray en 1676, habiendo sido enviado a Inglaterra como Capellán de Su Alteza Real, la Duquesa de York, Marie Beatrice d'Este.

acuerdo, arreglando un pequeño altar en el que colocaron un pequeño dibujo a tinta representando al Divino Corazón. Entonces nos esforzamos en pagarle todo el homenaje que nos inspirara. Esto me trajo a mí, y también a ellas, muchas humillaciones y mortificaciones, por las que fui acusada de desear introducir una nueva devoción.

En cuanto a mí estos sufrimientos eran un gran consuelo, pero temía que el Divino Corazón fuera deshonrado; todo lo que escuchaba era como si muchas espadas traspasaran mi corazón. Se me prohibió en adelante poner la imagen del Sagrado Corazón en ningún lugar llamativo, permitiéndoseme honrarlo únicamente en privado.[40] En mi aflicción no sabía a quien recurrir excepto a Él mismo, quien siempre sostuvo mi ánimo diciéndome incesantemente: *"No temas nada, reinaré a pesar de Mis enemigos, y de todos lo que se oponen a mí."* Esto me consolaba grandemente, porque mi único deseo era ver Su reino establecido. Yo, por lo tanto, abandoné a Él la defensa de su propia causa mientras sufría en silencio. Surgían persecuciones de varios tipos todo el tiempo, y parecía que todo el infierno era desatado contra mí, y que todo conspiraba para aniquilarme. Sin embargo, debo decir que nunca experimenté mayor paz y gozo interior que cuando fui amenazada con ser encarcelada y citada, ante mi Buen Hacendado, un príncipe de esta tierra,[41] siendo además mirada como una hazme-reír y visionaria, cuya imaginación la había hecho aferrarse a sus delirios. No digo esto para hacer que otros crean que sufrí mucho, sino para manifestar la gran misericordia de mi Dios hacia mí, porque no estimaba y valoraba nada tanto como la parte que me dio de su Cruz, la vianda más deliciosa de la cual nunca me sentí cansada.

---

[40]   La superiora en ese tiempo era la Madre María Cristina Melum, quien gobernó el Monasterio de Paray de 1684 a 1690.

[41]   El Príncipe Cardenal de Bouillon, Abbad comendador de Cluny, entonces residiendo en Paray.

Si tan solo hubiera estado en libertad de comulgar regularmente, hubiera podido poseer todo lo que mi corazón deseaba. En una ocasión en que ardientemente lo anhelaba, mi Divino Maestro se presentó ante mí cuando estaba en el acto de barrer y se dirigió a mí de la siguiente manera: *"Hija mía he escuchado tus suspiros, y los deseos de tu corazón Me son tan agradables, que si no hubiera instituido Mi Divino Sacramento de Amor, lo haría así ahora para poder morar en tú alma, y tomar mi descanso de amor en tú corazón."* Esto me llenó con tan intenso ardor, que sentí mi alma como si estuviera en un arrebato, y solo pude exclamar: "¡Oh Amor! ¡Oh exceso de amor de un Dios hacia criatura tan miserable!" Durante mi vida, esto ha sido un incentivo poderoso para inflamar dentro de mí sentimientos de gratitud hacia este Amor puro.

En una ocasión cuando oraba frente al Santísimo Sacramento en la festividad de Corpus Christi, una persona apareció ante mí envuelta en flamas, cuyo corazón me penetró tan poderosamente que pensé que yo también ardía. La condición tan lastimosa en que lo contemplé causó que derramara abundantes lágrimas. Me dijo que era el monje Benedictino a quien acudí a confesión en una ocasión, y que me había ordenado recibir la Santa Comunión, y que, como recompensa de esto, Dios había permitido que recurriera a mí para obtener algún alivio a sus sufrimientos. Me pidió que aplicara a su alma todo lo que debiera hacer y sufrir por tres meses, lo que prometí con permiso de mis Superiores. Me dijo entonces que la causa de sus sufrimientos fue el que prefería su propio interés a los de la Gloria de Dios, a través de una muy grande estima que tenía a su reputación; en segundo lugar una gran falta de caridad hacia sus hermanos; y finalmente, un gran afecto natural por las criaturas, prueba de los cuales había manifestado en sus relaciones espirituales con ellos, lo que había grandemente disgustado a Dios.

Pero sería difícil para mi expresar lo que tuve que sufrir durante esos tres meses. Porque nunca me dejó, y el lado donde Él estuvo era como una bola de fuego; esto me causo un dolor tan intenso que mis lágrimas y gemidos eran continuos. Mi Superiora, teniendo compasión, me ordeno llevar a cabo severas penitencias, y en particular tomar el silicio, porque los dolores corporales y sufrimientos, impuestos sobre mí a través de la caridad, aliviaban grandemente aquellos que esta Santidad de amor me hacía padecer como una pequeña muestra de lo que hace que esas pobres almas padezcan. Al final de los tres meses me apareció en un estado muy diferente; estaba bañado de alegría y gloria, y a punto de ser admitido en la eterna felicidad. Me dio gracias y me prometió ser mi protector ante Dios. En ese tiempo había caído enferma, pero mi sufrimiento había cesado con el suyo, y me recupere pronto.

Mi Soberano señor también me hizo saber que, cuando estuviera a punto de abandonar a cualquiera de aquellas almas por las que Él quería que yo sufriera, me pondría en el estado de un alma condenada, haciéndome sufrir la desolación en la que se encuentra en la hora de la muerte. Nunca experimenté nada más terrible y no puedo encontrar palabras para describirlo. En una ocasión en que me encontraba trabajando a solas, se me mostró una religiosa que aún vivía, y claramente escuché las palabras: *"Mira esta monja que es solamente de nombre; estoy a punto de rechazarla de Mi Corazón y abandonarla a si misma."* Al momento fui embargada con tan grande dolor que, me postré totalmente en el suelo, permaneciendo así por algún tiempo, totalmente incapaz de recuperarme. De inmediato me ofrecí a su Divina Justicia para sufrir todo lo que ésta deseara, para que esta alma no fuera abandonada a si misma. Desde ese momento parecía que su justo enojo se había vuelto hacia mí, ya que me sentía llena de una terrible angustia y desolación, y sentía un peso aplastante en mis hombros. Si buscaba subir mis ojos, contemplaba un Dios irritado contra mí armado con palos y azotes que estaban listos para caer sobre mí. Todo dentro de mi alma aparecía en un estado de rebelión y confusión: mi enemigo me atacaba por todos los lados con violentas tentaciones, especialmente con la desesperación, y buscaba huir de Él que me perseguía, de cuya vista sin embargo no me podía esconder; para hacer esto, no hay ninguna clase de tormento que no hubiera tolerado. Más aún, sufría una terrible confusión al pensar que mi angustia interna era conocida de todos. Ni siquiera podía orar o expresar mis sufrimientos excepto con mis lágrimas, diciendo: "¡Ah! ¡Que cosa tan terrible es caer en manos del Dios viviente!" En otras ocasiones, me postraba con la cara al piso, y decía: "¡Golpea, mi Dios! Corta, quema y consume lo que te desagrade de mí, no dispenses mi cuerpo, mi vida, mi carne, o mi sangre, con tal de que salves esa alma para toda la eternidad." Admito que no hubiera podido aguantar este estado tan lamentable, si su misericordia amorosa no me hubiera sostenido bajo el rigor de Su justicia. Así, caí enferma y tenía gran dificultad para recuperarme. A menudo Él me ponía bajo esta condición dolorosa, y una vez me mostró el castigo que iba a descargar sobre unas almas; pero me arrojé a sus Sagrados Pies diciendo: "¡Oh mi salvador, te suplico que en su lugar Te vengues conmigo y Me saques del Libro de la Vida antes que permitir que estas almas por las que pagaste tan alto precio se pierdan!" Y Él respondió: *"Pero ellos no te aman y no cesan de afligirte."* "Eso no importa mi Dios mientras ellos te Amén a Ti, no cesaré de suplicarte que los perdones." *"Déjame hacer como me plazca, no los puedo aguantar más."* Abrazándolo aún mas, le dije: "No, mi Señor, no te dejaré hasta que los hayas perdonado." *"Lo haré,"* dijo, *"Si tu desgaste es su fiador."* "Si, mi Dios, pero te pagaré únicamente con tus propios bienes, que son el tesoro de Tú Sagrado Corazón." A partir de entonces estuvo satisfecho.

En otra ocasión, cuando las hermanas estaban trabajando en comunidad, picando cáñamo, me retiré a un pequeño patio, cerca del Santísimo Sacramento, donde, trabajando sobre mis rodillas, me sentí totalmente arrebatada interior y exteriormente, y al mismo tiempo, el Adorable Corazón de mi Jesús se me apareció mas luminoso que el sol. Estaba rodeado de las llamas de su purísimo amor, y rodeado por Serafines, quienes cantaban en harmonía maravillosa: "¡Él Amor triunfa, el amor goza, el amor del Sagrado Corazón se regocija!" Estos benditos espíritus me invitaron a unirme a ellos alabando al Divino Corazón, pero no me atreví a hacerlo. Me reprocharon, diciéndome que habían venido a formar una asociación conmigo, a través de la cual poder rendirle homenaje perpetuo de amor, adoración y alabanza, y que, para éste propósito, tomarían mi lugar frente al Santísimo Sacramento. Así que, por medio de ellos, yo podría amarlo continuamente, y, como habrían de participar en mi amor y sufrir en mi persona, yo, de mi parte, debía regocijarme en y con ellos. Al mismo tiempo ellos escribieron esta asociación en el Sagrado Corazón con letras de oro, y con caracteres indelebles de amor. Esto duró por dos o tres horas, y he sentido los efectos de esto desde entonces a lo largo de mi vida, tanto por la asistencia que he recibido, como por la dulzura que produjo y continúa produciendo en mí, aunque me sentí abrumada con confusión. Desde ese día no me dirigí a ellos con ningún otro nombre, cuando dirigía mi oración hacia ellos, que aquel de "mis divinos socios". Ésta gracia me dio tan gran deseo de pureza de intención, y tan alta idea de lo que es necesario para conversar con Dios, que nada relacionado a esto me ha parecido suficientemente puro.

En una ocasión cuando una de nuestras hermanas[42] estaba en estado letárgico, de tal manera que no había esperanza de darle

---

[42] Era una hermana del "Hábito Pequeño," una niña privilegiada llamada Antoinette Rosalie de Senecé. Ella había hecho voto de castidad cuando tenía siete años de edad, y tenía solo trece años cuando murió el 26 de abril de 1684 después de haber pronunciado condicionalmente los tres votos de religión.

los últimos Sacramentos, la comunidad, y especialmente nuestra Madre,[43] estaban llenas de aflicción. Esta última, por lo tanto, buscando obtener esta gracia, me ordenó prometerle a Nuestro Señor que haría lo que Él me diera a entender era su deseo. Tan pronto como hube hecho esto, el Soberano de mi alma dijo que la hermana no moriría sin recibir las gracias que justamente deseábamos para ella, siempre y cuando le prometiera tres cosas, que absolutamente demandaba de mí. La primera era, nunca rechazar ningún cargo en religión, la segunda, no rechazar ir al locutorio; ni rehusar escribir, que era la tercera demanda. Confieso que todo mi ser temblaba por sus demandas, debido a la extrema repugnancia y aversión que sentía, y replique: "Oh mi Señor, verdaderamente atacas mi lado flaco; sin embargo pediré permiso." Esto fue inmediatamente otorgado por mi superiora a pesar de mi angustia, que no hice intento en ocultarle. Entonces Él me hizo prometer todo en la forma de voto, de tal manera que no pudiera revocarlo. Pero ¡Ay¡ Frecuentemente he sido infiel a este voto, porque no eliminó mi aversión, que continuó durante toda mi vida; la hermana sin embargo, pudo recibir los últimos Sacramentos.

Para poder mostrar el alcance de mi infidelidad en medio de estos grandes favores, debo decir que, sintiendo un ardiente deseo de llevar a cabo mi retiro anual, y deseando prepararme, concebí la idea, algunos días antes, de grabar el nombre de Jesús por segunda vez en mi corazón.[44] Esto, sin embargo, lo hice de tal manera que se me formó una herida abierta. En las vísperas de mi retiro, se lo mencioné a mi superior, quien replicó que haría que se me aplicara un remedio para prevenir una consecuencia seria. Esto me hizo quejarme a Nuestro Señor. "¿Oh mi único Amor, permitirás a otros el ver la herida que me he infligido a mi misma? ¿No eres lo suficientemente poderoso para cerrarla, Tú quien eres el Soberano remedio de todos mis

---

[43]   Madre Grefié.
[44]   Esto fue en el otoño de 1679.

males?" Tocado al fin por el dolor que sentía al ser obligada a hacer esto conocido, Me prometió que estaría curada por la mañana, y tal fue en realidad lo que pasó. Pero no habiendo visto a Nuestra Madre, no pude informarle de esto antes de recibir una nota de ella, en la cual me decía que le enseñara mi herida al portador de la nota,[45] quien aplicaría el remedio.

Pero, como estaba sanada, me creí dispensada de esta obediencia hasta que hubiera hablado con Nuestra Madre, a quien acudí con el propósito de explicarle que, ya que la herida estaba curada, no había hecho lo que me pedía en la nota. ¡Mi Dios! que grande fue la severidad que encontré por este deseo de obediencia cumplida antes de cumplirla, no solo de su parte, sino de mi Soberano Maestro. Me mantuvo bajo sus sagrados pies por cinco días, durante los cuales no pude hacer otra cosa que llorar mi desobediencia e implorar su perdón con continuas penitencias. En cuanto a mi superiora, me trató en esta ocasión con severidad sin piedad, de acuerdo a lo que mi Señor le inspiraba, privándome de la Santa Comunión que era la más grande tortura que pudiera haber padecido en esta vida, porque hubiera preferido ser condenada a muerte mil veces. Aún más, me hizo mostrar la herida a la Hermana, quien, encontrándola cerrada, no aplicó el remedio; sin embargo, sufrí un gran desconcierto.

Pero consideré esto como nada, porque no hay ningún tormento que no hubiera sufrido, considerando la pena que sufrí al haber disgustado a mi Soberano Señor. Después de haberme dado a entender lo desagradable que le es en el alma de un religioso el que desee ser obedecido, y habiéndome hecho experimentar la pena por esto, Él Mismo vino a secar mis lágrimas y a reanimar mi alma durante los últimos días del retiro. Pero a pesar de la grandeza de Su amor mis sufrimientos no pararon ahí. El pensar que le había disgustado

---

[45]   Era la Hermana Marie Madeleine des Escures.

era suficiente para hacerme derretir en lágrimas. Porque habiéndome dado a entender Él mismo con claridad lo que era la obediencia en el alma de una religiosa, me di cuenta que no lo había entendido hasta entonces, pero que tomaría mucho tiempo explicarlo ahora. Me dijo que en castigo de mi falta, El Sagrado Nombre, cuyo grabado en mí me había costado tanto dolor (en memoria de aquel que Él había padecido cuando había tomado ese Sagrado Nombre), no sería ya visible, ni tampoco las impresiones previas que habían aparecido bien marcadas en diferentes formas. Puedo decir verdaderamente que mi retiro había sido uno de dolor.

Mis flaquezas eran tan continuas que no estaba bien cuatro días consecutivos, y en una ocasión mi sufrimiento era tan considerable que apenas podía hablar. Esa mañana Nuestra Madre vino a mí y me dio una nota, diciendo que tenía que hacer lo que estaba escrito en ella, porque ella necesitaba asegurarse de lo que fuera que estaba pasando en mí era un trabajo del Espíritu de Dios. Sí tal era el caso, requería que Él me restaurara a una salud perfecta durante un plazo de cinco meses, sin que fuera necesario que tomara ningún remedio durante este tiempo. Pero si, al contrario, era el trabajo de un espíritu diabólico o de la naturaleza, pedía que debería permanecer en el mismo estado en que me encontraba entonces. Sería imposible decir lo mucho que esta nota me hizo sufrir, aún más porque lo que estaba contenido ahí me había sido revelado con anterioridad antes de que lo hubiera leído. Se me ordenó entonces abandonar la enfermería, y que con palabras inspiradas por Nuestro Señor, se me hiciera más doloroso y mortificante. Acto seguido presenté la nota a mi Soberano, quien bien conocía su contenido. Él repicó: *"Te prometo, hija mía, que como prueba del buen Espíritu con el que eres guiada, te hubiera dado tantos años de salud como meses ha pedido y aún otras garantías que hubiera requerido."* A la elevación del Santísimo Sacramento sentí, de la manera más sensible, que todas mis flaquezas eran retiradas, como si una prenda de vestir se me hubiera quitado. Desde entonces gocé de la salud y fortaleza de la más robusta de las personas que no hubiera estado enferma por mucho tiempo. Así pase el tiempo deseado,[46] al final del cual regresé a mi estado anterior.

En otra ocasión cuando sufría de fiebre, mi Superiora me ordenó dejar la enfermería para ir a Retiro[47] ya que era mi turno, diciéndome: "Te encomiendo al cuidado de Nuestro Señor Jesucristo. Déjalo dirigirte, gobernarte, y curarte de acuerdo a Su Voluntad." Aunque estaba un poco aturdida - ya que todo el tiempo estuve temblando con fiebre - me retiré para obedecer la orden que se me dio. Esto hice de lo mas jubilosa, viéndome dada al cuidado de mi buen Maestro, y al tener la oportunidad de soportar algo por amor a Él. Me era indiferente la manera en que Él haría mi retiro, ya fuera bajo sufrimiento o bajo gozo. "Todo está bien," me dije a mí misma, "siempre que Él estuviera satisfecho y yo le amara, eso era suficiente para mí." Pero tan pronto me había yo encerrado a solas, se me apareció, mientras me encontraba postrada temblando de frío y dolor. Me levantó y me llenó de cariños, diciendo: *"Al fin eres totalmente Mia y te haz entregado totalmente a mi cuidado; por lo tanto mi intención es darte de regreso en perfecta salud a aquellos que te han puesto enferma en mis manos."* Y me restableció tan completamente que parecía que nunca hubiera estado enferma. Esto asombró a todos, especialmente a mi Superiora quien sabía lo que había pasado.

Nunca pasé un retiro en tal estado de gozo y delicia espiritual. Me parecía estar en el cielo debido a los grandes y repetidos favores tan generosamente prodigados a mí,

---

[46] Viz., hasta diciembre, 1683, ya que al final de los cinco meses, la Madre Greyfié había ordenando a la Sierva de Dios que pidiera permanecer en buena salud, "hasta el final del año en el cual se le había dado la primera obediencia."

[47] Otoño de 1681

y a la intimidad de que goce con mi Señor Jesucristo, su Santísima Madre, mi buen Ángel de la Guardia y mi Bendito Padre San Francisco de Sales. Pero no especificaré aquí en detalle el exceso de los favores singulares que recibí de la Santísima Virgen, porque sería muy largo. Lo único que diré es que mi Divino Director, para consolarme del dolor que me había infringido al haber removido Su Sagrado y Adorable Nombre, el cual, a precio de muchos sufrimientos yo había grabado en mi corazón, condescendió Él mismo a imprimirlo interiormente con el sello y fuego de Su purísimo amor. Esto lo hizo de tal manera que me llenó de mas gozo y consuelo que lo que el haberlo removido me causó pena y aflicción.

Pero nada era deseable para mí sino la cruz sin la cual no podía vivir o gozar de algún placer, ni siquiera celestial y divino - ya que toda mi delicia era verme conformada al sufrimiento de Jesús - no pensaba en nada sino en tratar mi cuerpo con todo el rigor que la libertad que se me había otorgado permitía. Verdaderamente, hice que mi cuerpo experimentara esto en cuanto a penitencias, a comida y a veladas sin dormir, ya que me había hecho una cama de piezas de cerámica rotos sobre la cual me acostaba con gran gusto; aunque mi naturaleza temblaba, lo hacía en vano, ya que no le hacía caso. En una ocasión quise llevar a cabo un acto de penitencia, cuya austeridad me atraía grandemente, porque pensaba que podía vengar en mi misma los insultos que Nuestro Señor recibía de mí en El Santísimo Sacramento, miserable pecadora que yo era, tanto como los de todos los que lo deshonran ahí mismo...Pero cuando estaba a punto de poner mi plan en ejecución, mi Soberano Maestro me lo prohibió, diciendo que deseaba restablecerme a una perfecta salud a mi Superiora, quién me había confiado y encargado a Su cuidado. Además dijo que el sacrificio de mi deseo sería mas agradable a Él que el que lo hubiera llevado a cabo, y que, siendo un espíritu, Él deseaba también sacrificios del espíritu. Desde entonces permanecía contenta y sumisa.

En una ocasión, al acercarme a La Santa Mesa, La Sagrada Hostia se me apareció brillando como el sol, cuya brillantez era más de lo que podía aguantar. En medio de todo esto vi a Nuestro Señor sosteniendo una corona de espinas que puso en mi cabeza poco después de haberlo recibido, diciendo al mismo tiempo: *"Recibe esta corona, hija Mia, como signo de eso que pronto te será dado para que te hagas conformable a Mí."* En ese momento no entendí el significado de estas palabras, pero el efecto que siguió lo hizo claro para mí. Poco después recibí dos golpes terribles en la cabeza, que desde entonces me parece como si la corona de mi cabeza estuviera rodeada de agudas y dolorosas espinas cuyos aguijoneos habrían de durar hasta el final de mi vida. Le di infinitas gracias a mi Señor quién concede tan grandes gracias a su miserable víctima. Pero, ¡Ay! como frecuentemente le digo, las víctimas deben ser inocentes, y yo soy una criminal. Sin embargo yo reconozco que estoy mas obligada a mi Soberano Señor por esta preciosa corona de espinas que si me hubiera hecho un presente con todas las diademas de los grandes monarcas de la tierra, más aún porque nadie puede quitármela, y que felizmente me mantiene despierta durante la noche, y en intima comunión con el único objeto de mi amor, porque encuentro imposible descansar mi cabeza en la cama, a la par de mi Buen Maestro que no pudo descansar Su Adorable Cabeza en la Cruz. Fue causa de un gozo y consuelo inconcebible para mí verme así, en alguna medida conformada a Él. El quiso por medio de este sufrimiento, en unión con los méritos de Su coronación de espinas, que pidiera a Dios Su Padre, la conversión de los pecadores tanto como la humildad de esas cabezas orgullosas, cuya altivez lo disgustaba tanto e infligía tan gran herida en Él.

En otra ocasión durante el carnaval, esto es, cerca de cinco semanas antes del Miércoles de Ceniza, se me apareció después de la Sagrada Comunión bajo la figura de ECCE HOMO cargando su Cruz, cubierto con heridas y cortadas, su adorable Sangre fluyendo de todos lados. Él dijo con una voz de sufrimiento llena de angustia: *"¿No habrá alguien que me tenga piedad y comparta Mi dolor en el lamentable estado a que me reducen los pecadores, especialmente en estos días?"* Postrándome con llanto y lamentos, me ofrecí a mí misma a Él, y tomando en mis hombros esa pesada cruz, toda cubierta de clavos, fui abrumada por el peso. Entendí entonces mejor la gravedad y la malicia del pecado, por el que sentí un horror tal, que hubiera preferido mil veces más ser arrojada al infierno antes que cometer uno solo voluntariamente. "¡Oh maldito pecado" exclamé, "que detestable eres, ya que infliges tal herida en mi Soberano Bien!" Entonces, Jesús me dio a entender que no era suficiente cargar la cruz, sino que debía amarrarme a ella con Él, para poder darle una fiel compañía compartiendo sus sufrimientos, desprecios, oprobios y otras indignidades de las cuales Él era víctima. Desde entonces me abandoné a Él para que hiciera en mí y conmigo lo que deseara, permitiéndome a mí misma que fuera atada a la cruz de acuerdo a su buena complacencia. Una enfermedad pronto me hizo sentir las afiladas puntas de esos clavos con que la cruz estaba tachonada, ya que me hice presa de agudos sufrimientos, en los cuales no encontré otra compasión que el desprecio y humillaciones bajo las circunstancias mas difíciles para la parte correspondiente a la naturaleza de mi ser. Pero ¡Ay! ¿Que podría haber sufrido que hubiera igualado la grandeza de mis crímenes? Continuamente me mantenían en un abismo de confusión, desde que mi Dios me mostró la horrible visión de un alma en pecado mortal, lo lastimoso que este es en si mismo y la forma como ataca a una bondad infinitamente amorosa y que es un gran insulto para Él. Esta visión me hizo sufrir mas que nada, y me doy cuenta de que había empezado a sufrir estos dolores debido a los pecados que había cometido, para que me sirvieran como medio de protección y me previnieran de cometer nuevos pecados. Verdaderamente, preferiría pasar cualquier dolor que haber sido tan miserable como para caer en pecado, aún cuando se me había asegurado que mi Dios, en Su infinita misericordia, me perdonaría sin entregarme a esos sufrimientos.

Estos deseos de sufrimiento generalmente duraban todo el tiempo desde el carnaval hasta el Miércoles de Ceniza, cuando me parecía estar reducida hasta la última de mis fuerzas, sin ser capaz de encontrar ningún consuelo o alivio que no aumentara mi sufrimiento. Entonces de repente sentía suficiente vigor para ayunar durante la cuaresma. Esto mi Soberano Señor siempre me permitió hacer, aunque a veces estaba abrumada con sufrimientos de todo tipo. Al comenzar algún ejercicio, normalmente sentía como si me fuera a ser imposible aguantar hasta el final; sin embargo empezaba el siguiente con la misma dificultad, diciendo: "Oh mi Dios, concédeme la gracia de ser capaz de continuar hasta el final," y le daba las gracias a mi Soberano Señor por así medir cada minuto de mi tiempo de acuerdo al reloj de Su Pasión, de tal manera que todas mis horas dieran al unísono con Sus sufrimientos.

Cuando Él tenía la intención de gratificarme con una nueva cruz, Él Señor me preparaba con abundancia de favores y delicias espirituales tan grandes que, si hubieran continuado, me hubiera sido imposible soportarlos. En estas ocasiones exclamé: "¡Oh mi único Amor, sacrifico todas estas delicias a Tí! Guárdalos para las santas almas que te glorificaran más que lo que haré yo. Mi único deseo eres Tú, desolado en la Cruz, donde deseo amarte únicamente por amor a Tí. ¡Oh toma todo el resto de mí, para que pueda amarte sin mezcla de placer o interés para mí misma!" Entonces, como un sabio y experimentado Director, ocasionalmente le complacía contradecir mis deseos, haciéndome gozar cuando hubiera deseado sufrir. Pero reconozco que tanto uno como el otro venían de Él, y que todos los favores que me ha otorgado procedían puramente de su misericordia, porque no ha habido una criatura que le haya resistido tanto como yo, no solo con mis infidelidades, sino también por el miedo de haber sido engañada. Cientos de veces me asombre que Él no castigó tanta resistencia fundiéndome en un abismo y aniquilándome.

Sin embargo, sin importar que tan grandes hayan sido mis faltas, solamente su Amor, de acuerdo a Su Promesa, nunca me priva de Su Divina Presencia. Pero la hace tan terrible cuando le he desagradado, que no hay tormento que no sea más dulce para mí y al cual no me sacrifique mil veces, en lugar de soportar esa Divina Presencia y aparecer ante la Santidad de Dios con la menor mancha en mi alma. Con toda mi voluntad me hubiera escondido en esas ocasiones, y de haberme sido posible, mantenerme a distancia de Él; pero todos mis esfuerzos fueron en vano, porque encontraba en todo lugar aquello de lo que me ocultaba, acompañado de tormentos tan intensos, que me parecía estar en el purgatorio. Todo dentro de mí sufría sin consuelo, o el deseo de buscar alguno; por eso, en la angustia de mi corazón, algunas veces exclamé: "¡Oh! ¡Que temible cosa es caer en las manos del Dios vivo!" De esta manera me purificó de mis defectos cuando no era lo suficientemente rápida y fiel al castigarme a mí misma por ellos. Nunca, verdaderamente, recibí cualesquiera que fueran las gracias especiales de Su bondad que no fueran precedidas de este tipo de tormento; y después de haberlos recibido, sentí, como si estuviera en un purgatorio de humillación y vergüenza, en el que mis sufrimientos estuvieran mas allá de cualquier descripción. Sin embargo siempre sentí una profunda paz, y me parecía que nada podría perturbar esta paz en mi corazón, aunque la parte inferior estaba agitada, ya fuera por mis pasiones o por mi enemigo. Este último, efectivamente, hizo todo esfuerzo para esto, porque nunca tiene mayor poder ni gana mayor ventaja que sobre un alma en problemas e inquietudes.[48]

---

[48] Aquí termina la autobiografía: porque, como se ha visto en el Prefacio de la edición Francesa de 1924, el Rev Padre Rolin, S.J., dejó Paray en el otoño de 1686, sin haber ordenado a Santa Margarita María que continuara sus memorias. La Santa, por lo tanto, dejó de escribir; su santa muerte fue cuatro años más tarde, el 17 de octubre de 1690.

Certificada como verdadera, este 22 de julio, 1715

(*Firma*):

HERMANA ANNE-ELISABETH DE LA GARDE

(*Firma del Secretario*):
DOM DE BANSIÈRE,
Comisaría.
CHALON.

Poco después de la Beatificación de la Sierva de Dios la autenticidad de este manuscrito autobiográfico fue verificado nuevamente por autoridades eclesiásticas con estas palabras:

Nosotros, Protonotario Apostólico, Vicario General, Archidiácono de Autun, hemos reconocido esta biografía como escrita por ella misma, de acuerdo a sus Superiores, como siendo la autobiografía de la Bendita Margarita María Alacoque, Virgen. Consiste de sesenta y cuatro páginas.

En testimonio de: Paray, febrero 26, 1865.

(*Firma*)
G. BOUANGE, Protonotario Apostólico,
Vicario General, Archidiácono

Lugar del sello de
Mgr. De Marguerye
Entonces Obispo de Autun.

CONCLUSIÓN

Al cerrar estas páginas, recordamos el deseo, tan seguido expresado aquí por Santa Margarita María, y el cuidado que tuvo, que su contenido no fuera nunca llevado a la luz. Pero no estaba en los designios de Dios conceder lo que la Santa en su humildad, tan ardientemente deseaba. Para la mayor gloria del Sagrado Corazón el relato del trato divinamente bello y familiar de Nuestro Señor Jesucristo con la discípula escogida de Su Corazón fue para la propagación a lo largo y ancho, para que muchas almas puedan ser atraídas a corresponderle con "un poco de amor."

Llevadas únicamente por el único deseo de procurar al Divino Corazón el amor y reparación de un sin número de almas, hemos traducido esta autobiografía.[49]

¡Alabado sea Dios!

---

[49] Nota del Traductor del Inglés al Español: El mismo deseo me lleva a hacer esta traducción para mayor Gloria de Dios y para que Nuestro Señor Jesucristo sea correspondido en su Gran Amor con el que nunca deja de desear nuestra salvación.

ORACIONES

OFRECIMIENTO
DE SANTA MARGARITA MARÍA

Dios mío, te ofrezco a Tú bien amado Hijo, en agradecimiento por todos los beneficios que he recibido de Tí. Lo ofrezco como mi adoración, mi petición, mi oblación y como custodio de todas mis resoluciones; lo ofrezco como mi amor y mi todo. Recibe, oh Padre Eterno, este ofrecimiento para lo que Tú quieras de mi, ya que no tengo nada que ofrecer que no sea indigno de Tí, excepto Jesús, mi Salvador, a Quién tu me haz dado con tanto amor. Amén.

CONSAGRACION
AL SAGRADO CORAZÓN DE JESÚS

(Compuesta por Santa Margarita María)

Oh Sagrado Corazón de mi Señor y Salvador Jesucristo, a Tí consagro y ofrezco mi persona y mi vida, mis acciones, pruebas y sufrimientos, tal que mi ser entero sea en adelante únicamente empleado en amarte, honrarte y glorificarte. Esta es mi irrevocable voluntad, pertenecer por entero solamente a Tí, y hacer todo por Tí, renunciando con todo mi corazón a todo lo que Te desagrade.

Te tomo, oh Sagrado Corazón, para ser el único objeto de mi amor, la protección de mi vida, la promesa segura de mi salvación, el remedio a mi fragilidad e inconstancia, la reparación de los defectos de mi vida, y mi refugio seguro a la hora de mi muerte. Se tú, oh misericordiosísimo Corazón, mi justificación ante Dios Tú Padre, y protégeme de su Santa ira que justificadamente he merecido. Temo todo de mi propia debilidad y malicia, pero pongo toda mi confianza en Tú infinita bondad. Aniquila en mí todo lo que te pueda desagradar o resistir. Imprime Tú purísimo Amor tan profundamente en mi corazón que nunca te olvide o me separe de ti, porque en esto pongo toda mi felicidad y toda mi gloria, para vivir y morir como uno de Tus devotos servidores. Amén.

ORACIÓN A SANTA MARGARITA MARÍA

Oh Santa Margarita María, a quien el Sagrado Corazón de Jesús permitió ser la tesorera de sus divinos tesoros, obtén para nosotros, te imploramos, de este adorable Corazón, las gracias que necesitamos. Te las pedimos con confianza ilimitada; que el Divino Corazón nos las quiera dar, de tal manera que por tu intercesión sea nuevamente glorificado. Amén.

TREINTA Y TRES VISITAS A NUESTRO SEÑOR EN LA CRUZ

(A ser llevadas a cabo en viernes)

Habiendo leído estas páginas, algunas almas pudieran, tal vez, sentir el deseo de amar ardientemente al Corazón de Jesús, viviendo más de acuerdo con Su vida, y orando por la conversión de los pecadores, esto último siendo uno de los fines principales de la Devoción al Sagrado Corazón.

Pudiera haber también almas quienes gustosamente quieran conocer un apostolado, escondido pero real, enseñado por el mismo Nuestro Señor a Santa Margarita María, para la conversión de los pecadores, esto es, Las Treinta y Tres Visitas a Nuestro Señor en la Cruz a ser llevadas a cabo los viernes.

Esto es lo que la Santa escribió acerca de ello: *"Un viernes, durante la Santa Misa, sentí un gran deseo de honrar los sufrimientos de mi crucificado Esposo. Me dijo amorosamente que deseaba que, cada viernes, lo adorara treinta y tres veces sobre 'La Cruz, El Trono de su Misericordia'. Estaba postrada humildemente a sus pies, y traté de permanecer ahí a la disposición de la Santísima Virgen María durante la Pasión del Señor. Yo habría de ofrecer estos actos de adoración al Padre Eterno junto con los sufrimientos de su divino Hijo, para pedirle por la conversión de todos los corazones endurecidos e infieles quienes resisten el impulso de su gracia. Aun más, me dijo que a la hora de la muerte Él sería favorable a quienes hubieran sido fieles a esta práctica."*

Estos treinta y tres actos de adoración a Nuestro Señor en la Cruz pueden ser llevados a cabo en cualquier lugar en viernes, aún cuando esté uno trabajando ordinariamente. No requiere ninguna actitud especial, formula u oración vocal. Una simple mirada de amor y contrición, viniendo de las profundidades del corazón enviados a Nuestro Señor crucificado es suficiente para expresarle nuestra adoración y gratitud. Es también una llamada a la Santísima Virgen a interceder con el Padre Celestial para la conversión de los pecadores.

La eficacia de esta devoción es probada por las consoladoras conversiones que obtiene y por las muertes santas que son su fruto. Nos aventuramos a decir que la eficacia de esta devoción se vuelve una fuente de gracias para todos aquellos que la Practican, ya que nunca se acerca uno en vano a Jesús crucificado.

NOVENA EN HONOR DE SANTA MARGARITA MARÍA

(Esta es una novena de oración mental y prácticas piadosas, en lugar de oraciones específicas en formulas establecidas. Llevamos a cabo esta novena en nuestras mentes y en nuestros corazones, con pensamientos santos y afecciones, y por peticiones silenciosas en nuestras propias palabras - tanto como llevando a cabo las prácticas piadosas indicadas.)

PRIMER DIA

Honremos a Santa Margarita María en este día como la *Hija Privilegiada de La Virgen María.* Jesús siempre ama entregarnos Sus favores a través de María. Tendremos, por tanto, que suplicar a nuestra Madre Celestial, para poder con más seguridad obtener las gracias a través de esta novena.
Práctica: Pureza de Intención.

MÁXIMA DE LA SANTA

"Una cosa que el Adorable Corazón de Jesús pide de sus amigos es pureza de intención, humildad de acción, y unidad de propósito."

SEGUNDO DIA

Honremos a Santa Margarita María en este día como *la Amada Discípula del Corazón de Jesús.* Siempre permitió el ser enseñada y formada por Él *"de acuerdo a su propia manera."* Así mismo pongámonos en esas Manos divinas, recordando lo que la santa dijo de Nuestro Señor: *"Me dijo que no tenía nada que temer, porque 'Él era un buen*

Maestro, tan poderoso para hacer que sus enseñanzas fueran llevadas a cabo, como es erudito en Su doctrina y Su gobierno'."
Práctica: Conformarse a la Voluntad de Dios.

MÁXIMA DE LA SANTA

"No solo durante la oración. Sino también durante otras ocasiones, mantente en la presencia de Nuestro Señor, como un discípulo frente a su maestro ansioso de aprender a Hacer su Voluntad con perfección entregando su propia voluntad."

TERCER DIA

Honremos a Santa Margarita María en este día como la *Consoladora del Corazón de Jesús.* Un día Nuestro Señor se le presentó como "Ecce Homo," totalmente destrozado y desfigurado, diciendo: *"No he encontrado a nadie que quiera ofrecerme un lugar para descansar en este estado sufriente y doloroso."* - *"A lo cual, le ofrecí el corazón que me había dado para que pudiera descansar en el."* ¿Podríamos no imitar a nuestra santa en esto?
Práctica: Besar las llagas de nuestro crucifijo en espíritu de verdadera contrición.

MÁXIMA DE LA SANTA

"Para poder consolar a Jesús por el desprecio, insultos, sacrilegios, profanaciones y otras indignidades apilados sobre Él...No me voy a quejar ni a excusarme."

CUARTO DIA

Honremos a Santa Margarita María en este día como la *Confidente del Corazón de Jesús*. Nuestro Señor un día le dijo: *"Si eres fiel a mí y me sigues, te enseñaré a conocerme, y me manifestaré a ti."* Fue por su fidelidad que Él mismo se comunicó con ella y le reveló los incomprensibles secretos de Su Adorable Corazón. Cada vez que somos fieles a la gracia, inclinamos al Espíritu Santo a comunicarse directamente con nosotros.

Práctica: Mantener nuestros sufrimientos secretamente entre Dios y nosotros.

MÁXIMA DE LA SANTA

"Trabajar y sufrir a través del amor, y en silencio, es en verdad un secreto conocido únicamente por los amantes del Bien-Amado."

QUINTO DIA

Honremos a Santa Margarita María en este día como la *Víctima del Corazón de Jesús,* y meditemos estas palabras con que Nuestro Señor se dirigió a ella: *"Hija mía, vengo a ti como soberano sacrificador.".* Ella añade: *"Él quería que estuviera en estado continuo de sacrificio."*

Solo somos capaces de seguir a la Santa desde lejos, pero ¿Acaso lo que necesitamos es un obstáculo para que traigamos el espíritu de sacrifico mas plenamente a nuestras vidas?

Práctica: Aceptar las pruebas de la Divina Providencia.

MÁXIMA DE LA SANTA

"Sometámonos a las órdenes de nuestro Soberano Señor y, a pesar de todo lo que parece duro y doloroso, confesemos que Él es bueno y justo en todo lo que hace, y que Él merece ser honrado y amado en todo momento."

SEXTO DIA

Honremos a Santa Margarita María en este día como la *Adoradora del Corazón de Jesús*. Nuestra santa estaba en un estado de constante adoración, porque se mantuvo a si misma consumida a través de amor y en el amor. Siendo favorecida con la presencia habitual y sensible de su Señor y Dios, mantuvo en las profundidades de su corazón una especie de banquete de Adoración Perpetua.

Si no podemos imitar tan fija atención a la presencia divina, cuando menos tratemos, de vez en vez, ofrecer a Dios actos de adoración que lo glorifiquen y nos hagan ver nuestro verdadero lugar como criaturas ante nuestro Creador.

Práctica: Cuando estemos en presencia del Santísimo Sacramento, por nuestra humildad y fervor, seamos adoradores "en espíritu y verdad.".

MÁXIMA DE LA SANTA

"Nuestro Señor desea que honres Su Vida de consumación en el Santísimo Sacramento." Debes ser como una vela encendida que no tiene otro fin que el de arder hasta consumirse en Su honor."

SÉPTIMO DIA

Honremos a Santa Margarita María en este día como *el instrumento de la misericordia del Corazón de Jesús.* Un día Nuestro Señor le dijo: ***"Deseo hacerte una combinación de Mí Amor y Mí Misericordia."*** En otra ocasión, refiriéndose a las gracias con las que la había llenado, dijo: ***"No debes guardarte estas gracias para ti, ni ser austera al distribuirlos a otros, porque he deseado usar tu corazón como canal para trasmitirlas dentro de las almas de acuerdo a Mis designios; por este medio muchos serán salvados del abismo de la perdición."***

Recurramos, por lo tanto, con toda confianza a la santa, sabiendo, que ha sido encomendada por el Corazón de Jesús a encausar las aguas de Su Divina Misericordia a inundar nuestras almas.

Práctica: Abandonarnos a la misericordiosa Providencia de su Sagrado Corazón.

MÁXIMA DE LA SANTA

"Si pones Su benevolencia como requisito para que te pongas bajo su protección especial, abandónate totalmente a su Adorable Corazón, haciendo a un lado tus propios intereses, para dedicarte completa y amorosamente al trabajo que Te ha asignado."

OCTAVO DIA

Honremos a Santa Margarita María en este día como la *Heredera de los tesoros del Corazón de Jesús.* Fue Él mismo quien confirió sobre ella este sublime y excepcional título con todas sus prerrogativas, confirmándolo con las siguientes palabras: *"Como ya te he prometido, poseerás los tesoros de Mi Corazón...y te permitiré que los distribuyas como lo desees, a favor de almas que estén listas para recibirlos."*

¿Quien no querrá estar entre el numero de los privilegiados...? Sin embargo no olvidemos que si merecemos los favores divinos, debemos preparar nuestras almas para ellos.

Práctica: Debemos procurar lavar nuestros corazones para que estén listos a recibir las efusiones del Sagrado Corazón de Jesús.

MÁXIMA DE LA SANTA

"Su amor le urge a distribuir los tesoros inagotables de sus gracias saludables y santificantes a las almas de buena voluntad. Él busca corazones que están vacíos, para llenarlos con la suave unción de Su ardiente amor."

NOVENO DIA

Honremos a Santa Margarita María en este día como *el Apóstol del Corazón de Jesús.* Para volverse un apóstol se requieren una vocación y misión especiales. Este fue sin duda el caso con nuestra santa: Nuestro Señor mismo la llamó y la agració para su misión.

La acercó a Su Divino Corazón, y la hizo descansar en Él, entonces, después de haberla inflamado con los ardores de Su amor, le confió la misión de difundir la devoción a Su Sagrado Corazón a través de la Iglesia. Santa Margarita María se agotó a si misma en este trabajo de salvación. Nuestro Señor le había dicho: *"No tengas miedo, reinaré a pesar de Mis enemigos y todos esos que se me opongan." "¿Crees que pueda hacer esto? Si lo crees, tendrás el poder de Mi Corazón en la magnificencia de Mi Amor."*

La Santa creyó, y las palabras de Nuestro Señor han sido cumplidas: el reino del Sagrado Corazón se extiende ahora por todas las naciones hasta el fin del mundo.

Práctica: No dejemos pasar la oportunidad de difundir la devoción del Sagrado Corazón de Jesús.

MÁXIMA DE LA SANTA

"El promete grandes recompensas a aquellos que trabajan para extender su reino."

ORACION

Oh Santa Margarita María, a quien el Sagrado Corazón de Jesús permitió ser la tesorera de sus divinos tesoros, obtén para nosotros, te imploramos, de este Adorable Corazón, las gracias que necesitamos. Te las pedimos con confianza ilimitada; que el Divino Corazón nos las quiera dar, de tal manera que por tu intercesión sea nuevamente glorificado. Amén.

(Las palabras de Nuestro Señor mencionadas en esta novena son tomadas de "Vida y Escritos de Santa Margarita María.)

LETANÍAS AL
SACRATÍSIMO CORAZÓN DE JESÚS

(Para uso público o privado.)

Señor, ten piedad de nosotros.
Señor, ten piedad de nosotros.
Cristo, ten piedad de nosotros.
Cristo, ten piedad de nosotros.
Señor, ten piedad de nosotros.
Señor, ten piedad de nosotros.
Cristo óyenos.
Cristo óyenos.
Cristo escúchanos.
Cristo escúchanos.
Padre Eterno, Dios de los cielos,
Ten piedad de nosotros
Dios Hijo, Redentor del mundo,
Ten piedad de nosotros
Dios, Espíritu Santo,
Ten piedad de nosotros
Santísima Trinidad, que eres un solo Dios,
Ten piedad de nosotros
Corazón de Jesús, Hijo del Eterno Padre,
Ten misericordia de nosotros
Corazón de Jesús, formado en el seno de la Virgen Madre por
el Espíritu Santo,
Ten misericordia de nosotros
Corazón de Jesús, unido sustancialmente al Verbo de Dios,
Ten misericordia de nosotros
Corazón de Jesús, de infinita majestad,
Ten misericordia de nosotros
Corazón de Jesús, templo santo de Dios,
Ten misericordia de nosotros
Corazón de Jesús, tabernáculo del Altísimo,

Ten misericordia de nosotros
Corazón de Jesús, casa de Dios y puerta del cielo,
Ten misericordia de nosotros
Corazón de Jesús, horno ardiente de caridad,
Ten misericordia de nosotros
Corazón de Jesús, santuario de la justicia y del amor,
Ten misericordia de nosotros
Corazón de Jesús, lleno de bondad y de amor,
Ten misericordia de nosotros
Corazón de Jesús, abismo de todas las virtudes,
Ten misericordia de nosotros
Corazón de Jesús, digno de toda alabanza,
Ten misericordia de nosotros
Corazón de Jesús, Rey y centro de todos los corazones,
Ten misericordia de nosotros
Corazón de Jesús, en quien se hallan todos los tesoros de la sabiduría, y de la ciencia,
Ten misericordia de nosotros
Corazón de Jesús, en quien reside toda la plenitud de la divinidad,
Ten misericordia de nosotros
Corazón de Jesús, en quien el Padre se complace,
Ten misericordia de nosotros
Corazón de Jesús, de cuya plenitud todos hemos recibido,
Ten misericordia de nosotros
Corazón de Jesús, deseo de los eternos collados,
Ten misericordia de nosotros
Corazón de Jesús, paciente y lleno de misericordia,
Ten misericordia de nosotros
Corazón de Jesús, generoso para todos los que te invocan,
Ten misericordia de nosotros
Corazón de Jesús, fuente de vida y santidad,
Ten misericordia de nosotros
Corazón de Jesús, propiciación por nuestros pecados,
Ten misericordia de nosotros

Corazón de Jesús, colmado de oprobios,
Ten misericordia de nosotros
Corazón de Jesús, triturado por nuestros pecados,
Ten misericordia de nosotros
Corazón de Jesús, hecho obediente hasta la muerte,
Ten misericordia de nosotros
Corazón de Jesús, traspasado por una lanza,
Ten misericordia de nosotros
Corazón de Jesús, fuente de todo consuelo,
Ten misericordia de nosotros
Corazón de Jesús, vida y resurrección nuestra,
Ten misericordia de nosotros
Corazón de Jesús, paz y reconciliación nuestra,
Ten misericordia de nosotros
Corazón de Jesús, víctima por los pecadores,
Ten misericordia de nosotros
Corazón de Jesús, salvación de los que en ti esperan,
Ten misericordia de nosotros
Corazón de Jesús, esperanza de los que en ti mueren,
Ten misericordia de nosotros
Corazón de Jesús, delicia de todos los santos,
Ten misericordia de nosotros
Cordero de Dios, que quitas el pecado del mundo,
Perdónanos Señor.
Cordero de Dios, que quitas el pecado del mundo,
Óyenos Señor.
Cordero de Dios, que quitas el pecado del mundo,
Ten piedad y misericordia de nosotros.
Jesús, manso y humilde de Corazón,
Haz nuestro corazón semejante al tuyo.

ORACIÓN

Oh Dios todopoderoso y eterno, mira el Corazón de tu amantísimo Hijo, las alabanzas y satisfacciones que en nombre de los pecadores te ofrece y concede el perdón a éstos que piden misericordia en el nombre de tu mismo Hijo, Jesucristo, el cual vive y reina contigo por los siglos de los siglos. Amén.

LETANÍAS EN HONOR A SANTA MARGARITA MARÍA

(Únicamente para devoción privada)

Señor, ten piedad de nosotros.
Señor, ten piedad de nosotros.
Cristo, ten piedad de nosotros.
Cristo, ten piedad de nosotros.
Señor, ten piedad de nosotros.
Señor, ten piedad de nosotros.
Cristo óyenos.
Cristo óyenos.
Cristo escúchanos.
Cristo escúchanos.
Padre Eterno, Dios de los cielos,
Ten piedad de nosotros
Dios Hijo, Redentor del mundo,
Ten piedad de nosotros
Dios, Espíritu Santo,
Ten piedad de nosotros
Santísima Trinidad, que eres un solo Dios,
Ten piedad de nosotros
Santa María, Madre de Dios y Patrona de La Orden de La Visitación,
Ruega por nosotros
Santa Margarita María, discípula y apóstol del Corazón de Jesús,
Ruega por nosotros
Tú que tuviste a la Inmaculada Virgen por tu Madre y Maestra,
Ruega por nosotros
Perla preciosa del Reino del Cielo,
Ruega por nosotros
Tú que te asociaste con los Serafines en adoración al Corazón de Jesús,
Ruega por nosotros

Víctima y holocausto del Corazón de Jesús,
Ruega por nosotros
Adoradora privilegiada del Corazón de Jesús,
Ruega por nosotros
Imagen fiel del Corazón de Jesús,
Ruega por nosotros
Tú, que como San Juan reposaste en el Corazón de Jesús,
Ruega por nosotros
Paloma pura que hiciste tu vivienda en la llaga del Corazón de Jesús,
Ruega por nosotros
Tú que viviste profundamente escondida en el Corazón de Jesús,
Ruega por nosotros
Modelo de obediencia y mortificación,
Ruega por nosotros
Fiel imitadora de la mansedumbre y humildad del Corazón de Jesús,
Ruega por nosotros
Violeta del jardín de San Francisco de Sales que derramaste sobre la Iglesia el buen olor de Jesucristo,
Ruega por nosotros
Tú que fuiste crucificada con Cristo,
Ruega por nosotros
Tú a quien el Espíritu Santo favoreció con el don de la profecía,
Ruega por nosotros
Muy sabia y gentil instructora de almas llamadas a la vida religiosa,
Ruega por nosotros
Misericordiosa defensora de los pecadores,
Ruega por nosotros
Benefactora caritativa de los enfermos,
Ruega por nosotros
Gozo de tu Santa Orden y gloria de tu gente,
Ruega por nosotros

Tú que extiendes tú protección especial a los que son devotos
del Corazón de Jesús,
  Ruega por nosotros
Cordero de Dios que quitas los pecados del mundo,
  Óyenos Señor
Cordero de Dios que quitas los pecados del mundo,
  Perdónanos Señor
Cordero de Dios que quitas los pecados del mundo,
  Ten piedad y misericordia de nosotros

La gracia es derramada en el extranjero en tus labios.
  Y por esto Dios te ha bendecido para siempre.

OREMOS

Oh Señor Jesucristo, quien ha maravillosamente revelado
a Santa Margarita María las riquezas sin medida de Tu
Corazón, concede que por sus méritos y siguiendo su ejemplo,
lleguemos a amarte en todas las cosas y por sobre todas las
cosas, y podamos ser contados entre aquellos merecedores
de obtener el descanso eterno en Tu Corazón, Tú que vives y
reinas con el Padre y el Espíritu Santo por los siglos de los
siglos. Amén.

Lightning Source UK Ltd.
Milton Keynes UK
UKHW012359270121
377799UK00008B/362/J